혁신교육 너머 시민교육

혁신교육 너머 시민교육

초판 1쇄 발행 2021년 8월 15일

지은이   전종호
펴낸이   임동현
펴낸곳   중앙서적

주소   경기도 파주시 교하로 425번길 25-10,
            중앙서적(동패동)
전화   031)953-7077
팩스   031)953-7057
출판등록   2015년 5월 4일 제406-2015-000065호
이메일   book909@naver.com

ISBN 979-11-975367-2-4 93370
정가 15,000원

혁신교육 너머 시민교육

전종호 지음

중앙서적

차례

여는 글 • 우리에게 교육이란 무엇인가　　　　　6

1부 한국교육의 민낯

1장 | 학교붕괴현상 그 후 20년

20년 약사　　　　　15
실업계 학교의 학교붕괴　　　　　21
춤추는 학교　　　　　24
깨지지 않는 학교의 구조와 문화　　　　　27
혁신학교의 등장　　　　　39
길을 잃은 문재인 정부의 교육정책　　　　　49

2장 | 한국교육의 이데올로기

교육과 이데올로기　　　　　54
학벌주의의 덫　　　　　59
능력주의의 허울　　　　　65
경쟁주의, 과학인가 신화인가　　　　　71
시험에 들게 하는 시험　　　　　77
행동주의 심리학의 빛과 그늘　　　　　84
한국교육의 미국 편향성　　　　　89

3장 | 학교의 현주소

졸업식 단상　　　　　95
키질하는 교육　　　　　98
학교의 보건 및 방역체계　　　　　104
n번 방의 비밀　　　　　107
온라인 학교 1　　　　　111
온라인 학교 2　　　　　114

2부 교사와 혁신

1장 | 교사의 삶

교사의 길을 묻는다　　　　　121

교사의 품격 128
굴종의 삶을 떨치고 132
선생님들이 아프다 136
교사의 삶과 입시개선의 방향 141

2장 | 혁신교육의 길

학교를 혁신해야 할 이유 144
'혁신학교'의 교육사적 의미 150
혁신학교, '반쪽짜리 집' 154
되는 집, 되는 학교 160
선을 넘는 교장들 165
혁신학교와 학교자치 170
혁신학교의 지속적 성장을 위한 조건 175
수능시험은 폐지되어야 한다 181
사교육 대신 노후준비 187

3부 한국교육의 미래, 시민교육

1장 | 왜 시민교육인가

슬픔을 아우르는 교육 195
아! 다시 4·16 199
4·16 교육체제는 작동하고 있는가 203
정치교육과 교육정치 207
선거하기에 좋은 나이는 따로 없다 211

2장 | 어떻게 시민교육을 할 것인가

독일의 길, 한국의 길 216
보이텔스바흐 합의의 함의 223
다시 읽는 국민교육헌장 229
내 안의 차별주의 235
모든 교육은 정치적이다 239
교사, 호모 사케르 245

함께 읽으면 좋은 책들 252

우리에게 교육이란 무엇인가

사범(교육)대학에 입학해서 처음 배우는 교육학개론은 교육을 정의定義하는 일에서 시작된다. 교육이란 무엇이고 교육의 목적이 무엇인가에 대한 질문과 그 답변은 이후 교육의 과정에서 발생하는 인간(교육자, 학습자)관, 교육과정, 교수학습이론, 평가체제와 이것들을 운영하는 행정체제를 설계하고 구축하는 기초이기 때문이다. 교육의 정의는 가르쳐 기른다는 낱말풀이식 의미로 해석할 수 있는 단순한 개념이 아니어서 여러 학자들의 규정과 논증이 뒤따른다.

피터즈(R.S. Peters)의 교육의 정의는 가장 유명하지만 가장 난해하다. 〈윤리학과 교육〉에서 그는 교육을 '문명된 삶의 형식으로의 성년식'으로 규정한다. '문명된 삶의 형식'은 '가치있는 삶의 형식', '공적 유산', '가치 있는 활동 또는 사고와 행동의 양식'과 비슷한 말로 변주되며, 적어도 교육이라 함은 첫째, 가치 있는 것을 전달함으로써 그것에 헌신하는 사람을 만든다(규범적 기준), 둘째, 지식과 이해, 지적 안목을 길러주는 것이어야 한다(인지적 기준), 셋째, 교육받은 사람의 의식과 자발성을 전제로 하며 그 방법에 있어서도 '도덕적으로 온당한 것'이어야 한다(과정적 기준)는 것을 뜻한다. 에밀 뒤르켕은 〈교육과 사회학〉에서 교육은 '어린 세대를 대상으로 하는 체계적인 사회화'라고 정의한다. 교육은 이기적, 반사회적 존재로서의 개인이 집단적 의식을 내면화하도록 함으로써 사회적 존재로 형성하는 과정이다. 개인적으로는 출생할 때의 무기력한 존재에서 전혀 다른 존재로 변형 또는 창조되는 것이며, 사회적으로는 그 자체의 존속을 위한 필수적인 조건을 마련하는 수단이다. 우리에게 가장 친숙한 것은 '인간 행동의 계획적 변화'라는 정범모의 공학적 교육 정의이다. 이는 교육학을 과학으로 정립하기 위한 조작적 정의로, 일상적 용어로서의 행동보다는 '지식, 사고, 가치관, 동기체제, 성격특성, 자아개념'을 가리키고, 변화는 '육성, 조성, 함양, 교정, 개선, 발달' 등을 포괄하며, 계획이라는 것은 교육 프로그램을 뜻하는데, 교육목적과 교육이론, 교육과정을 포함하는 것이다.

단순히 기술記述적 범위를 넘어 강령적 정의綱領的 定義와 조작적 정의를 포함하는 학자들의 논의 방식과는 달리, 일반 대중에게 교육은 먹고사는 문제이며, 자식의 앞날과 관계된 것이어서 표현은 직접적이고 욕망적이며, 때로는 학자들의 주장과 맞서는 '반교육反敎育'에 가깝다. 우리나라 부모에게 교육은 교육학적이기보다 소설적이며 직설적이다. 소설의 한 대목이 대중의 교육적 정의를 대변한다.

엄마는 공부라는 말밖에 할 줄 모르는 사람 같다. 빨리빨리 공부해! 더 공부해! 정신 바짝 차리고 공부해! 딴생각하지 말고 공부해! ...엄마가 그다음에 신나서 하고 또 하는 말이 있었다. 어쨌든 서울대학교에 붙어야 한다. 그래야 인생길이 고속도로가 된다. 서울대학교만 나와봐라, 세상 사람 기죽고, 척척 알아준다. 서울대학교를 나와야 큰소리 떵떵 치며 부자로 편케 산다. 그래야 쉽게 출세하고 큰 권세 잡는다(지원)(...)"수능 1점에 인생이 양지에서 음지로, 음지에서 양지로 엎어졌다 뒤집혀졌다 하는데요." B급 애들 중에도 엄마가 A급 사교육을 잘 시키고, 아이가 고분고분 A급 노력을 잘하면 A급 애들이 가는 대학에 들어가기도 해요." "평생 겨우겨우 사는 것하고 풍족하고 넉넉하게 사는 것하고는 하늘과 땅 차이잖아요. 일류와 삼류는 삶의 질이 달라요.(엄마)"(조정래, 〈풀꽃도 꽃이다〉, 발췌 인용)

대중에게 관습은 헌법보다 상위에 있다. 욕망은 이성에 선행한다. 피터즈(R.S. Peters)가 말하는 교육의 내재적 정당화의 논리는 애초부터 관심의 대상이 아니다. 교육학 이론이 아니라, 학부모들 사이에 도는 소문과 주장, 부모들 사이에 공유하는 생각이 '내 새끼'를 교육하는 현실에서 더 규정력이 있다. '가치 있는 삶의 형식으로 입문'한다든가, 집단적 의식의 사회화라든가, 계획적인 행동의 가치적 변화라든가 하는 것은 귀신 씻나락 까먹는 얘기에 불과할 뿐 부모에게 교육은 제 자식의 출세고 지위획득이고 계급상승인 것이다.

해방 이후 우리는 줄기차게 달려왔다. 잿더미 속에서 고층빌딩으로 도시의 숲을 만들었고, 식민지와 분단국의 지위에서 경제 규모

10위를 다투는 나라가 되었다. 그러나 우리나라에 미국의 호레이스 만Horace Mann이나 덴마크의 그룬트비히Grundvig 같은 교육 선구자는 없었다. 만인의 평등 장치로 교육을 기획하거나, 교육을 통하여 민족정신의 부흥과 기초를 다지는 사람은 없었다. 남의 나라 사상가 존 듀이는 우리 교육 현장에 수시로 호출되었으나 '학교가 민주사회의 축소판'이며, '생활 속 민주주의 실현'을 강조하는 그의 사상은 독재정권의 양두구육이 되었고, '아동 중심', '경험 중심'의 진보주의는 발전교육론자들의 '국가 중심', '경제 중심'의 이론으로 대체되었다. 교육과 교화敎化는 구별되지 않았고, 오히려 주입과 교화가 교육의 본령이 되었다. 국가는 경제개발에, 국민은 해방 공간에서 신분 와해의 빈틈을 비집고 계급과 신분 상승의 기회로 활용하였다.

해방된 지 이제 70년이 넘었다. 국가도 어느 정도 정상의 자리에 섰고, 국민도 절대빈곤의 상태에서 벗어나 어느 정도 먹고살 만해졌다. 그러나 양극화 심화와 상대적 박탈감으로 국민의 마음은 요동치고 있다. 사회의 상층부 지위와 부의 쟁취를 향한 교육경쟁은 오히려 가열차게 타오르고, 사교육과 공교육이 통합된 '스카이 캐슬'은 저들끼리의 '스카이 체인'이 되어가고 있다. 개인의 적성과 능력과 가치관에 기초한 교육이 아니라 욕망에 터한 계급상승 또는 계급 유지의 관점만이 교육을 지배하고 있다.

그러나 새로운 기술과 능력을 요구하는 새로운 시대가 오고 있다.

최근으로 올수록 사람들이 다른 사람들과의 상호작용 과정에서 갖게 되는 소프트 스킬이 강조되고 있다.(...) 하드 스킬과 달리 소프트 스킬은 계량화하기 힘든 주관적 스킬이다.(...) 핵심 소프트 스킬은 다른 사람과 원활하게 상호작용할 수 있는 소셜 스킬, 정보와 감정 등을 주고받을 수 있는 커뮤니케이션 능력, 자기조절능력, 자신감과 자기효능감 등을 의미하는 긍정적인 자아 관념, 비판 능력과 문제해결, 의사결정 등을 의미하는 고차원적인 사고 능력 등이다. 이 가운데 소셜 스킬은 최근으로 올수록 직업 세계에서 더 중요한 가치를 가진다. 하버드대 데이빗 데밍 교수는 "1980년부터 2012년까지 분석한 결과, 높은 소셜 스킬이 필요한 직업들이 미국 시장에서 차지하는 비중이 거의 10%P 증가한 반면, 수학적 능력이 많이 필요하지만 소셜 스킬이 부족해도 되는 직업은 3%P나 줄었다."고 설명했다.(선대인, 〈일의 미래〉, 212쪽)

이제 멈춰서서 우리에게 교육이란 무엇인가, 좋은 교육이란 무엇인가 질문해야 한다. 급박한 경제개발의 시대에, 숨 가쁜 빈곤 탈피의 시대에 우리가 놓친 교육문제가 무엇인지 살펴보아야 한다. 우리 교육을 지배해 온 기본적 메카니즘이 무엇인지 밝히고 문제점을 찾아내어 우리가 나아가야 할 길을 조명해 보아야 한다. 학교민주주의의 현실을 진단하고 개선 방법을 찾아야 하며, 교육의 생산성을 제고하기 위해 시험제도를 개혁해야 한다. 그러기 위해서는 국내외 성공한 혁신사례를 공유하여 그 철학과 방법과 내용을 배워야 한다. 무엇보다 코로나 바이러스라는 인류사적 재난 앞에 적자생존의 논리나

각자도생의 논리를 넘어 '생존을 위한 교육'을 진지하게 고민해야 한다. 우리 교육이 국제적인 표준과 경향을 따라가는지도 점검해 보아야 한다.

요즘 초등학생들이 즐겨 부르는 노래가 있다고 한다. 제목이 '쉼이 필요해'다. "자꾸자꾸 재촉하지 말아요/나도 진짜 바쁘단 말이에요/학교 끝나면 방과후에/영어학원 수학학원/그냥 뭐 노는 줄 아나요/나도 쉼이 필요해/푸른 파도 속에/마음껏 헤엄치며 놀고 싶어요/나도 쉼이 필요해/넓은 들판에서/마구 뛰놀고 싶어/(...)" 아이고야! 마음이 짠하다. 반대로 돌봄과 교육에서 완전배제된 아이들 또한 적지 않다.

교육의 입문 초기에 묻는 '교육이란 무엇인가'에 대한 물음은 교육의 매 단계마다, 사회의 전환기마다 다시 질문하고 답해야 한다. 아이들은 쉼이 필요하고 학생들은 생각이 필요하고 어른들은 성찰이 필요하며 국가는 장기적인 계획과 전환이 필요하다. 아이들을 학습노동에 강제동원하기 전에 급변하는 미래에 아이들의 삶을 위해서 정말로 필요한 교육이 무엇인가 조용히 묻고 성찰해야 한다. '벌새의 물 한 방울로 산불을 끌 수는 없다. 그러나 벌새가 물고 온 물 한 방울이 땅을 적시고 내가 되어 바다를 이루는 꿈'은 안데스 숲의 일만은 아니다. 혼자서는 할 수 없으나 함께 이룰 수 있는 일을 잠잠히 물러나 생각해야 할 시간이다.

1
부
—

한국교육의 민낯

교육에 대한 질문은 교육의 단계마다, 사회의 전환기마다 다시 질문하고 반복적으로 답해야 한다. 아이들은 쉼이 필요하고 학생들은 생각이 필요하고 어른들은 성찰이 필요하며 국가는 장기적인 계획과 전환이 필요하다. 학습 노동에 강제 동원하기 전에 급변하는 미래에 아이들의 삶을 위해서 정말로 필요한 교육이 무엇인가 조용히 묻고 성찰해야 한다. 혼자서는 할 수 없으나 함께 이룰 수 있는 일을 한발 물러나 잠잠히 생각해야 할 시간이다.

1장

◇◇◇◇◇◇◇◇◇◇◇◇◇◇◇◇◇◇◇◇◇◇◇◇◇◇◇◇◇◇

학교붕괴현상 그 후 20년

20년 약사

2000년을 전후하여 한국교육은 엄청난 위기를 맞는다. 이른바 '학교붕괴현상'이다. 이유 없이 수업 시간에 돌아다니는 학생들이 점점 늘어나더니 많은 학생들이 수업 시간에 아예 잠을 잤다. 학생들은 교사들의 지도를 거부했다. 학교를 떠나는 학생들이 점점 증가하면서 '학교 밖 청소년'들은 사회문제가 되었다. 폭력도 늘어났다. 심지어 '학교폭력'이라는 새로운 범주의 범죄가 신설되었다(2004). 아이들의 행동보다 더 큰 문제는 아이들이 왜 이러는지 교사들은 그 이유를 알 수 없었다는 데 있었다.

조선일보는 1999년 8월 23일부터 31일까지 '무너지는 교실'이라는 주제의 기획시리즈를 보도했다. 전교조는 1999년 9월 30일, 전국의 학교를 대상으로 한 조사에서 수업, 생활지도, 학교의 기능 전반에 심각한 붕괴상황이 진행되고 있음을 발표했다. 믿을 수 없는 정부는 다시 조사를 시작했다. 교육부의 의뢰를 받은 한국청소년개발원(1999)은 전국 24개 중고등학교를 대상으로 한 조사를 통해서 교사의 87%, 학생의 71%가 최근 1~2년 사이에 자기 학교에서 학교붕괴가 실재하고 있다는 결과를 내놓았다. 사실 이런 현상은 70년대 미국에서 학교실패, 80년대 일본에서 부등교, 이지메, 교실붕괴 등의 이름으로 이미 시작된 현상이었다.

학자들이 동원되어 원인을 찾기 시작했다. 주로 IMF 사태가 가져온 사회적 충격이라든가 근대학교 체제의 시효 소멸 등이 거명되었다. 세기말 현상이라는 낭만적인 말이 사회과학자의 입에서 나왔다. 대책으로 참여정부는 학교에 힘을 실어준다고 내신성적을 2008학년도 대학 입시에 반영하였으나, 결과는 '죽음의 트라이앵글'이었고, 학생들은 더 비명을 질렀다. 이어 들어선 이명박 정부는 모든 학생들을 다 끌고 가는 것은 무리라고 판단하였는지 소수 상위권 학생을 위한 선별정책을 시행하였다. 자사고 150개, 자공고 150개를 집중육성하려는 '고교 다양화 300 프로젝트'(2008)로 여기에 포함되지 않는 기타 일반계 고등학교를 뒤흔들었다. 학교는 걷잡을 수 없는 혼돈에 빠져들어 갔다.

사실 학교붕괴현상의 이면에는 우리 교육의 체제 전환이 숨어 있다고 보는 것이 훨씬 합리적이다. 해방 이후 개발시대까지 관료적 권위주의 국가와 교육체제는 1980년대 말까지 유지되다가 1990년대 들어서 신자유주의로 자본주의 체제가 재편됨에 따라 시장주의적 교육체제로 편입하게 된다. 1993년 삼성의 신(新)경영선언 발표, 1996년 OECD 가입, 1997년 IMF 사태 등과 함께, 우리 교육은 정부 주도의 개발과 발전교육론에서 자율성, 다양성, 창의성이라는 이름으로 외피를 갈아입게 된다. 이러한 정부 정책의 전환에 따라 교육정책의 안티테제로서의 민족, 민주, 인간화 교육을 표방한 교사들의 저항적 교육운동도 참교육실천강령의 제정(2002)을 통해서 인권, 양성평등, 노동, 생태교육 등 가치교육을 추가하고, 학교 위기에 적극적으로 대응하기 위하여, 교육과정의 창조적 운영, 협동의 학습원리, 학생자치, 연구와 실천의 동료성을 구축하는 새로운 교사상을 천명하면서 신자유주의 교육체제에 대응해 간다. 그러나 민주 정부가 들어서고 정부와 교육공동체가 교육 혼란을 수습할 수 있는 정치적 공간의 여지가 있었음에도 불구하고, NEIS 투쟁으로 교육개혁을 이룰 수 있는 기회를 스스로 놓친다. 이어서 신자유주의 정부를 맞게 됨으로써 교육 위기는 방치되고 선별적 방식에 의해서 능력 있는 계층을 중심으로 학교 다양화 정책이 추진되었다.

이후 교육 위기에서 교육을 살리기 위한 노력은 조직적인 운동보다는 개인과 소규모 단체 활동에 의존하게 된다. 학교붕괴 담론 형성에 참가했던 교사들을 중심으로 만들어진 '아름다운학교운동(2000)'은 자생적으로 학교개혁을 위해 노력하는 전국의 학교들을 발굴하여 사례를 전파하는 방식으로 활동하였다. 이후 이 단체와 서원대학교는 공동으로 〈혁신교육지원센터〉(2002)를 설립하여 주로 교사 리더십과 주도적인 인성교육, 선진교육탐방 프로그램 등을 개발하여 교사역량개발에 집중하는 운동을 하였다. 전체적이고 구조적인 접근보다는 교사 개인역량을 강화하려는 이러한 시도는 크게 성공하지는 못했다. 보다 주목할 만한 것은 교육운동에서 활동하던 주요 조직활동가들이 지역의 취약 학교에 여럿이 함께 근무하면서 새로운 학교 개혁모형의 실험을 하기 시작한 흐름이다. 경기 광주의 남한산초등학교, 충남 아산의 거산초등학교, 홍성의 홍동중학교, 전북 완주의 삼우초등학교가 대표적인 사례이다. 남한산초등학교에서는 낡은 관행을 타파하고, 아이들을 중심에 두는 교육과정을 새롭게 구성하였으며, 교사·학생·학부모에 의한 학교자치가 이루어지고, 낡은 시설과 환경을 친환경적으로 바꾸는 변화가 일어났다. 폐교 위기에 놓인 시골 학교를 교사, 학부모, 지역주민들이 함께 새로운 학교로 변화시키는 이런 움직임이 〈작은 학교 살리기 운동〉이 되고 이 운동은 새로운 학교 만들기 운동으로 발전하게 된다.

2000년 전후로 교육계에 눈에 띄는 또 하나의 움직임은 대안학교 운동이었다. 대안교육은 어찌 보면 시대적 요청으로 공교육이 지닐 수밖에 없는 제한점을 극복해 보고자 한 새로운 시도라고 할 수 있다. 교육 수요자인 학생과 학부모의 입장에서 보면 대안교육은 새로운 교육을 받고자 하는 욕구에서, 제도적으로는 학교붕괴현상에 대한 대안적 조치였다고 할 수 있다. 민중교육운동, 빈민 지역의 공부방, 학교 안에서의 대안적 교육이념 추구를 주로 하던 대안교육은

1990년대를 기점으로 성격과 유형이 달라진다. 1990년대 이전에는 대안교육적 노력들이 제도권 학교 밖에서 논의되고 실행되었다면, 1990년대 이후는 다양한 교육 주체들에 의해서 제도권의 형태로 운영되었다. 이를 통해서 제도화된 대안교육 분야의 특성화고등학교로 1998년에 간디고등학교(경남 산청), 성지고등학교(전남 영광), 양업고등학교(충북 청원), 원경고등학교(경남 합천), 한빛고등학교(전남 담양), 화랑고등학교(경북 경주)가 설립되었다. 1999년에는 동명고등학교(광주), 두레자연고등학교(경기 화성), 세인고등학교(전북, 완주), 푸른꿈고등학교(전북 무주)가 설립되었고, 2000년에는 국제복음고등학교(인천 강화)가 설립되었으며, 2002년에는 대안중학교로 성지송학중학교(전남 영광)가 설립되었다. 2003년에는 한마음고등학교(충남 천안), 공동체비전고등학교(충남 서천), 이우학교(경기 성남), 헌산중학교(경기 용인)와 지평선중학교(전북 김제)가 설립되었다. 이 시기에 학교 안에 갈등과 폭력이 심화되면서 학교 부적응학생을 위한 공립 대안학교도 설립되게 된다. 경기 대명고등학교(2002), 전북 동화중학교(2010), 경남의 태봉고등학교(2010) 등이다.

전교조의 참교육실천활동도 빼놓을 수 없다. 전교조는 2001년부터 '참교육실천대회'를 조직하여 선생님들이 학교에서 실천한 교육사례를 모으고 발표하며 공유하는 기회를 제공하였다. 교과, 학급운영, 교육주제별로 한 해 동안 실천한 것을 시·군별 지회에서 발표하고, 그중에서 선별된 것들을 도 단위의 지부와 중앙 단위의 전국 대회에서 조합원과 비조합원을 대상으로 발표하여 교사의 교육역량을 극대화하도록 하였다. 이러한 참교육 실천 역량들은 헛되이 사라지지 않고 교육위기를 극복하는데 밀알이 되었으며, 나중에 혁신학교 활동가를 배출하는 통로가 되었다. 2001년 경기도 참교육실천대회 발표자 26명을 대상으로 살펴보니 약 20년 가까이 흐른 지금, 5명이 혁신학교 (공모)교장, 2명의 혁신교육 관련 전문직 장학사, 다수의 혁신학교 활동가 되어 있다. 참교육실천대회가 혁신학교 발전의 견인차가 된 것을 확인할 수 있다. 이렇게 자기 학교에서의 조용한 실천과 대안학교의 영감과 실천의 결과들이 현장 교사들에게 다시 영감과 교육개혁의 의지로 선순환됨으로써 혁신학교의 토대가 되었다. 때마침 지방교육자치제가 활성화되고 정치지형이 달라지면서 교육개혁에 의지를 가진 민선 교육감이 전국적으로 당선되어 혁신학교 운동은 지역과 운동의 차원을 넘어 전국적인 수준의 정책이 되었다. 지금 교육단체는 예전보다 수도 더 많아지고 노력하는 활동가들도 더 늘어서 혁신교육의 저수지는 그만큼 더 넓어지고 있다. 혁신학교 운동은 국가 주도의 경제주의적 교육정책에 대한 안티테제로서의 참교육운동이 정반합의 변증법적 과정을 거쳐 지방교육자치단체와 교사들이 결합한 공공성에 기초한 시민운동으로 승화된 결과라고 할 수 있다.

실업계 학교의 학교붕괴

『목요일 5교시. 종소리를 듣고 교실에 올라가 출석을 부른다. 학생
들의 이탈이 많기 때문에 매시간 출석을 불러야 한다. 특히 점심시간
이 지나고 나면 반드시 출석을 부른다. 결석 4명, 1교시 이후 등교한
지각생 4명, 조퇴 1명, 도망간 학생 2명. 출석을 부르고 나면, 책상
에 엎드려 있는 학생을 깨우고, 이어폰을 빼게 하고 휴대전화를 다
끄게 한다. 그 다음 교과서와 공책을 꺼내게 해 수업을 시작한다. 조
용한 것도 잠시 여기저기서 떠드는 소리가 들리면 제지하고, 그 새를
못참아 책상에 엎드려 자는 학생을 깨우고…. 이건 수업이 아니라
전투다. 교실을 나설 때면 가슴은 무력감으로 미어진다. 』(교사)

『중3 담임 선생님께서 성적이 안 좋으니 실업계 고등학교에 가라고
했다. 나도 대학을 가지 못할 것 같아 실업계를 선택했다. 1학년 때
는 몰랐는데, 학년이 올라갈수록 재미가 없고 지겹다. 필요 없는 과
목이 많다. 학교에서는 너무 어렵게 가르쳐 학원에 또 가야 한다. 학
원비는 과목당 7만~8만원, 애들은 보통 2~3과목을 듣는다. 학원
에 안 가는 아이들은 주유소나 식당에서 아르바이트를 하는데 힘들
기 때문에 수업시간에 잠을 자고 선생님들은 대개 놔둔다. 어른들은
실업계 학생들을 무시한다. 한번은 학교 옆에 사는 주민들이 아파트
단지 안의 도로로 우리학교 학생들이 다니지 못하게 했다. 어쨌든
좋은 곳에 취업을 해야 할 텐데 선배들을 보면 전공과 관계없이 사
무실에서 잔심부름이나 하고 있어 걱정이다. 』(학생)

교사와 학생들의 이런 고백이 전국적인 현상이 아니라고 믿지만, 실업계 고등학교에서는 흔히 볼 수 있는 현상이다. 실업계 고등학교는 우리 교육의 사각지대이자, 우리 교육현실의 문제점을 극명하게 드러내는 현장이다. 대학입학 위주의 교육, 저임금 산업인력 공급정책이 교차하는 지점에 실업고는 놓여 있다. 70~80년대 정부의 실업 고등학교 정책은 학생들의 직업적 자아실현이라는 측면보다는 값싼 기능공을 대량 공급한다는 인력정책에 바탕에서 입안되고 집행됐다. 실업고등학교 정책은 큰 고민 없이 자주 바뀌었다.

　　실업계 교사가 아닌 사람은 이름도 생소할 「특성화 고교정책」, 「2 +1 체제」, 「고교 교육체제 개혁안」, 「국민 공통교육 과정안」등의 실업고 정책들이 남발됐다. 실업계 학생들의 학력을 충분히 알고 있을 교육당국은 실업계 학생들을 위한 교과서 개발을 포기했다. 보통 교과의 경우 실업계 학생들은 지금 인문계 학생들과 같은 교과서를 쓰고 있다. 실업계 학생들은 매일매일 접하는 교과서와 수업, 자신들이 앞으로 몸담을 직업에 아무런 매력을 느끼지 못하고 있다. 교실에 남아 있을 이유가 없다. 「교실 붕괴」는 그 자연스러운 결과다.

　　누구의 책임인가. 제일 하고 싶은 얘기는 실업계 교사와 학생들에게 돌을 던지지 말아 달라는 것이다. 실업계 교사와 학생들은 정부 정책 실패의 희생자일 뿐이기 때문이다. 실업계 고등학교의 직업 교육은 산업계, 지역 대학과의 긴밀한 협조 속에 진행돼야 한다. 기능 인력 수요가 어떻게 변화할 지에 대한 예측, 전문대 등에서의 '재교육'이 전제되지 않는 실업고 교육은 현실 적합성을 가질 수 없다. 실업계 학생들을 낡은 기능공 배출 시스템 속에 방치해서는 안 된다. 실업계에 대한 국가투자를 확대하고, 학교 운영의 자율권을 학교에 넘겨줘야 한다. 교원들의 적극적인 협조와 참여를 위해서는 교사들의 자부심을 높여줄 수 있는 방안도 강구돼야 한다.

(1999.8.30. 조선일보 시론)

춤추는 학교

정부의 교육개혁 정책이 오히려 교육을 황폐화시키고 여론몰이를 통해 교사들을 무능·부패집단으로 몰고 있다는 요지의 유서를 남기고 한 선생님이 세상을 떠났다. 경제 발전의 기수라는 한때의 찬사는 고사하고, 생활고와 사회적 비난을 함께 지고 가는 이 시대 모든 교사들과 함께 삼가 고인의 명복을 빈다. 사실 정부의 강력한 교육 개혁몰이는 정책의 적합성뿐 아니라, 추진 과정에서 많은 문제점을 드러내고 있다.

현 정부 교육정책의 핵심은 경쟁과 평가 개념을 동원해 국가경쟁력을 높이고, 이 과정에서 '안일'에 젖어 있는 교사 집단을 깨워 개혁에 박차를 가한다는 것이다. 이런 정책 기조는 가까이는 김영삼 정부의 교육개혁안에 기초를 두고 있고, 밖으로 영국 대처 정부의 교육개혁을 본보기로 삼고 있다. 공교롭게도 영국에서는 교육개혁의 중추 구실을 맡았던 '학교교육과정평가원'(SCAA)의 책임자인 디어링이 "교육의 전문적 책임을 교사에게 다시 돌려주어야 한다."고 말함으로써 국가 주도 교육정책의 수정을 주장하고 있다. 또한 토니 블레어 영국 총리는 '내 인생의 스승'이라는 공익광고에 출연해 교단을 등지려는 교사들을 다독거리지 않으면 안 되는 상황에 놓였다.

우리나라에서는 상당수 교사들이 교육 현실에 염증을 느끼고 교단을 떠나고 있다. 과연 이 나라 교사들은 쥐꼬리만 하나마 안정된 '철밥통'을 쥐고 놓치지 않으려는 기회주의자들인가? 교사들은 정녕 교육개혁을 원하지 않고 자기 자리만 보전하려는 반개혁적 집단인가? 떠나는 자들이나 남아 있을 수밖에 없는 자들이나 그들의 마음에 치밀어 오르는 분노와 비애를 이해하지 않고서는 교육개혁을 논할 수 없다고 본다. 신자유주의라는 거대담론은 집어치우고 초점을 '학교 안'으로만 모아보자.

지금까지 학교와 교사들은 자기들만의 춤으로 신명나게 놀아본 적이 없었다. 춤곡과 춤사위를 개발하는 것은, 아니 솔직히 수입해 온 것은 교육부 관료들이나 일부 교육학자들이었고, 이를 일선학교에 전달하고 시행 여부를 감독하는 것은 교육청 장학사들이었으며, 현장감독은 교장·교감이었다. 감독하는 교장·교감들은 물론 교사들은 위에서 요구하는 것에 따라 춤을 추다, 정권이 바뀌고 곡목이 바뀌면 잠시 머쓱한 표정을 짓다가 다시 새 춤을 출 수밖에 없었다. 아동중심주의 교육, 행동주의적 교육목표, 완전학습, 학문중심주의 교육과정, 발견학습, 세계화 교육 등이 그동안의 춤곡들이었다. 이 춤을 왜 추는지, 이 춤이 우리 신명과 몸짓에 어울리는지 생각할 자유도 틈도 허용되지 않았다. 명령과 지시 그리고 복종만이 학교의 미덕이었고, 이른바 '튀는' 교사들은 전혀 용납되지 않았다.

이제 우리 교육 현장은 다시 학교평가와 교원평가, 학생수행평가라는 춤을 새로 요구받고 있다. 근무평정 하나 과학적으로 하지 못하는 학교 행정가들의 칼춤에 누구 코가 깨질지 모른다. 또 우리는 '교육비전 2002'에 따라 '새 학교문화 창조'라는 춤을 추어야 한다. 학습자 중심의 열린 교육, 학생의 주도적 학습 능력 배양, 창의성 신장과 인성교육을 핵심으로 하는 '새 학교문화'를 창조하자는 데 누가 이의를 제기하랴만, 적어도 권위주의로 특징지어지는 기존의 '낡은 학교문화'의 근본 원인이 무엇인지, 누구에게 그 책임이 있는지를 먼저 밝히는 것이 논리적으로 옳은 일이다.

오늘날 교육개혁은 우리나라뿐만 아니라 세계인의 화두가 되었다. 그러나 불행하게도 아무리 좋은 내용의 교육개혁이라도 교사를 개혁의 대상으로 내모는, '위에서 일방적으로 내리꽂는' 방식은 성공하기 어렵다. 교육개혁은 새 춤을 들여오는 것이 아니라, 교사들이 신명나게 놀 수 있도록 춤판을 바꾸는 것이어야 한다. 그 춤판은 학교와 교사의 자율성을 충분히 보장해 주는 학교자치이다.

(1999.6.9. 한겨레 칼럼)

깨지지 않는 학교의 구조와 문화

학교붕괴담론이 쟁점화되고 학생들의 학교에 대한 비판과 변화 욕구가 분출하자, 2000년대 초반 학교현장은 오히려 보수적인 방향으로 회귀하는 경향을 보였다. 학교위기 원인을 교원정년 단축 및 체벌금지 정책 등으로 인한 교원의 권위 실추에서 찾고, 열린교육의 가정(假定)과 철학을 비판하며, 강압적인 학생지도와 보충수업 및 야간자율학습 등의 부활을 통한 학생들의 학교 체류 시간을 연장하려고 시도했던 것이다. 학생들과 일부 교사들은 학교의 억압적인 구조를 해체하려 하고 있으나, 학교행정가들과 또 다른 일부 교사들은 무너진 억압구조를 복원하려 했다. 학교는 현재 학생과 교사, 교사와 교사, 교사와 행정가들 사이의 끊임없는 벽 쌓기가 진행중이다. 사실 공교육체제에서의 변화는 사회변화가 즉각적으로 반영되는 것이 아니라, 국가와 교사라고 하는 두 변화 촉진자(change agent)를 통하여 일어난다. 즉 사회변화는 국가와 교사가 가지고 있는 독특한 시각과 해석방식에 따라 조정되고 때로는 왜곡되고 축소될 수 있기 때문이다. 그런데 관료기구는 국가 의사결정기구인 정치 세력의 변화에 대한 강한 추동이 없다면 성격상 변화를 선호하지 않는다. 왜냐하면 관료기구의 일차적 임무는 법으로 규정된 일이나 정치권력의 요구를 자신의 감정 개입 없이 기계적으로 처리하는데 있으며, 따라서 스스로 효율성과 생산성을 높이는 자기개선의 노력을 기울일 필요가 없기 때문이다. 또한 우리나라의 경우, 적어도 지금까지는, 교사들은 가르쳐야 할 지식의 내용과 방법이 교과서와 교사용 지도서와 같은 보조 교재가 이미 선정되어 있고, 가르쳐야 할 시간의 양, 시간당 가르쳐 야 할 교육내용이 이미 결정되어 있기 때문에 사회변화를 적극 수용 하여 이를 수업에 적용할 필요가 없었다고 할 수 있다. 그러나 최근 에 교사집단에게 가해 오는 변화의 압력은 국가의 관료기구와 청소 년 집단, 양방향으로부터 시작되었다는 것이 이전과는 다른 양상이 라 할 수 있다. 앞으로 도래할 지식기반사회에서 국가의 생존과 번영 의 길이 교육에 의존할 수밖에 없다고 판단한 정치세력은 관료기구 를 동원하여 교육과정 개편, 교원조직의 재구조화, 학교제도의 탄력 화와 같은 강력한 방법을 통해서 교사 집단의 변화를 시도하고 있고, 변화의 비전과 방향 등에서 견해를 달리 하는 교원집단은 이에 필사 적으로 저항하고 있다. 국가와 교사 간에 사회변화와 교육에 대한 해 석이 항상 일치하는 것은 아닌 실례를 보여주고 있는 것이다. 또 한 편으로 교사들은 자신들이 가르치고 있는 학생들로부터도 결코 가볍 지 않은 변화의 압력을 받고 있다. 국가가 요구하는 변화의 압력이 체계적이고 계획적인 것이라면, 이들의 압력은 무계획적이지만 직접 적이다. 소비자본주의와 정보화 사회를 배경으로 가해지는 학생들의 압력은 교사집단의 기존의 존재 양식과 권력 지형을 무너뜨리고 있 다. 이른바 학교붕괴현상은 교육의 상수常數로 존재하던 학생들이 변수變數로 등장하면서 교수-학습, 생활지도 등 교사들의 교육방식 과 학교의 규범구조의 변화를 촉구하고 있는 것이다. 교사들은 이러 한 변화의 욕구를 적극적으로 차단하든지 아니면 이들을 지도하기 위해서 스스로 변화하는 길을 선택하지 않으면 안 되는 입장에 처하게 되었다. 그러나 학생들의 교육 변화에 대한 갈망과 촉구는 각성된 개인들의 선도적인 투쟁이나 요구라기보다는 소비자본주의와 정보화 사회라고 하는 시대적 맥락의 변화에 기인한 욕구의 자연적 표현이라고 보여지기 때문에 학생의 욕구를 억압하던 기존의 교육적 가정과 교육방식을 재검토하여 학생의 욕구를 적극 활용하는 교육 패러다임의 전환을 꾀하는 것이 옳을 것이다.

학교의 억압구조

학교의 억압구조의 핵심에 학교의 규율이 존재하고 있다. 학교규율이란 학교 구성원인 학생들이 지켜야 할 규칙들을 총칭하는 것으로서, 그 목적은 학교교육의 목적을 효과적으로 달성하기 위하여 학교조직을 원활하게 운영하는 데 있으며, 보통 '해야 한다', 또는 '해서는 안 된다'는 식으로 기술된다. 학교규율은 학생이라는 미성년자를 조직 구성원으로 하기 때문에 일반조직과는 다른 규칙 형성과정과 적용방식, 그리고 규칙적용 목적을 가진다고 보통 용인되어 왔으며, 그러한 용인 속에 학교규율은 세대가 변하면서 나타난 여러 가지 변화에 따른 규제 항목만이 늘어났을 뿐, 규율에 대한 근본적인 시각의 전환은 이루어지지 않았다. 학교규율을 내용상으로 분류하면 복장과 용모에 관한 규율, 교수학습과 관련된 규율, 비도덕적 행위와 관련된 규율, 미성년자에게 적용되는 규율(음주, 흡연, 약물복용 등), 형법위반에 관한 규율(절도, 폭력 등), 집단행동에 관한 규율, 출결과 관련된 규율, 학생회 활동에 관련된 규율 등으로 나눌 수 있으며, 학생들이 이러한 규율을 어기는 경우, 그에 대한 조치는 처벌과 징계로서, 훈계에서 학교봉사, 사회봉사, 특별교육, 선도처분까지 받을 수 있다. 또한 학생들이 미성숙하다는 이유로 학교규율이 제정되는 단계에서부터 적용되는 과정에서 이르기까지 학생들의 참여는 극도로 제한되어 있다.

이러한 타율적이고 통제적인 학교규율의 내용과 존재를 정당화하고 강화시켜준 것은 그동안 우리나라 학교를 지배해온 심리학적, 법학적, 경영학적 관점이며, 이 관점들의 공통점이 효율성의 논리라고 할 수 있다. 즉 학교교육의 가장 중요한 목적은 정해진 교육과정을 수행하는 일이고, 많은 학생들이 비좁은 공간에서 짧은 시간 안에 목표된 바의 성취 수준에 도달하기 위해서는 강제적인 지배는 불가피하다, 이를 위해서는 학생들의 자유와 욕구는 억압될 수밖에 없으며, 세계의 안내자인 '완전한 인간' 교사에게는 학생의 규율과 훈육을 위한 권력을 강화시켜 주어야 한다는 것이다.

우리나라 학교는 오랫동안 행동주의 심리학의 지배를 받아 왔다. 교육행정가와 교사집단에게는 인간은 외부의 자극에 의해 통제된다는 사고가 교육의 전제가 되어왔다. 학생은 교사의 지시가 없이는 움직이지 않으며, 행동은 학생의 성장환경에 의해서, 부모의 양육방식에 의해서 또는 유전적 요소에 의해서 결정된다고 믿고, 학생 스스로 자신의 삶을 통제하고 경영하는 능력을 가지고 있다고 인정하지 않는다. 이러한 교육풍토 속에서 자란 학생은 스스로 주도적인 인간으로 성장하지 못할 뿐만 아니라, 주변의 여건과 사람들의 자극에 대응해서 행동을 하는 수동적인 인간이 될 수밖에 없으며, 이들을 위해서는 교육이라는 이름으로 외부에서 행동의 지침을 마련해 주어야 한다.

또한 학교규율은 특별권력관계이론이라는 법학이론에 암묵적으로 기초를 두고 있다. 학교는 국가로부터 국민교육의 의무를 위임받은 기관으로서 학생에 대한 보호와 교육을 일차적으로 책임지고 있고, 더불어 학교 밖 사회 구성원들의 공공안전이나 이익을 고려해 내부 구성원들에게 의무 부과와 함께 권리의 제한이 있어야 하며, 이러한 학생의 재학관계 때문에 학교는 학생에 대해 규율을 정할 수 있는 특별권력관계를 맺고 있다는 것이다. 학생의 미성숙이라는 특수관계를 이용하여 권리를 제한하는 특별권력관계이론은 이미 법조계에서 일반권력관계이론에 의해서 부정되고 있고, 이 이론이 주로 정당화되었던 일본에서조차 폐기되었음에도 불구하고 우리 교육계에 아무런 법적 정당화 없이 상식으로 통용되고 있는 것이다. 그러나 학생은 분명히 한 사람의 청소년으로서 헌법이 정하는 바의 자유를 보장받고 있다는 점을 부인할 수 없다. 학생의 이러한 자유는 학문의 자유, 표현의 자유, 집회결사의 자유, 사생활 보호의 자유를 모두 포함하며, 이러한 입장에서 볼 때, 우리나라 학교에 존재하는 수많은 규율들은 학생의 자유를 침해할 가능성이 높은 것으로 풀이된다.

또 우리 학교조직은 지금까지 인간의 선의와 자발적 능력을 전제로 경영되지 않았다. 인간에 대한 성악설적 견해와 일제가 남긴 우리 민족에 대한 폄하의식이 복합되어 온존해 있었고, 인간은 대부분 공부하고 일하기를 싫어하며, 일하기를 싫어하는 특성 때문에 조직목표를 달성하려면 구성원들에게 처벌에 대한 위협·강압·통제·지시를 사용해야 한다는 X이론에 근거하여 학교가 경영되었다. 교사들도 무의식적으로 이러한 근거에 기초해서 자신의 수업과 학급을 경영해 왔다.

이러한 조직적, 학문적 배경에 기초해 구축되어 있는 학교규율과 이러한 규율이 학생들에게 적용되는 과정으로서의 훈육은 고도 산업화 시대에 값싸고 순종적인 인력을 배출하고 파시즘과 위계적인 지배구조에 봉사하는 인간을 양성하는데 기여해 왔다. 학생을 훈육하는 과정에서의 사고와 가정은 나아가서 수업체제와 평가체제에까지 이어진다. 우리 학교의 규율과 훈육, 여기에 가정된 인간관은 결과적으로 학생으로 하여금 스스로 무기력을 선택하거나, 자신의 문제를 자신의 가치관에 따라 스스로 처리하는 능력을 가진 주도적인 인간으로 성장하게 하지 못하는 결과를 초래하였다.

학교행정체계와 학교행정가들의 교사에 대한 심리학적 기대나 학교경영철학도 X이론에 기초한 외부통제 중심으로 되어 있고, 교사 자신이 파시즘의 수행자 역할을 하면서 더 큰 사회체제의 파시즘과 학벌주의의 압력을 받고 있다. 학교규정이 학생들의 사고와 행동을 구속하듯이, 각종 법규와 복무규정 및 승진규정 그리고 감사체계가 교사들의 행동과 사고를 이중 삼중으로 얽어매고 있어 급변하는 사회 흐름에서 학생들의 변화촉진자(transition figure)로서의 역할을 다하지 못하게 한다.

이러한 학교의 억압적 구조와 통제적 규율체계는 학생들에 대한 교사들의 권력 사용방식에도 영향을 끼친다. 사람들은 누구나 문제가 발생하면 자신의 권력을 어떻게 선택할지 기로에 놓이게 된다. 스스로 무기력을 선택하여 문제 자체를 회피할 것인지, 또는 강력한 문제해결의 길을 선택하되 강압적 권력을 선택할지, 실리적 권력을 선택할지를 결정해야 하는 것이다. 더 이상 할 수 있는 일이 없다고 생각이 될 때, 다른 가능성에 대해 잘 알지 못할 때, 두려움을 느끼고 상황에 맞서지 못할 때, 또는 과거에 치명적인 학습실패의 경험이 많을 때 학생들이나 교사들은 무기력(helplessness)을 선택하기도 한다. 무기력이란 자신이 할 수 있는 것이 아무 것도 없다고 믿는 것이며 그것으로 인해 새로운 시도조차 하지 않는 것을 말한다. 학습실패가 많은 고등학생이나 무사안일하고 나태한 교사가 이런 행동양식을 선택한다. 우리나라 교사들이 가장 손쉽게 선택하는 것이 강압적 권력(coercive power)이다. 교육목표나 방법의 정당성과는 무관하게 무언가를 하지 않으면 안되도록 강제되는 억압적 구조에서 더 이상 다른 방법이 없다고 생각될 때, 요구되는 행동이나 서류의 마감시간을 지키지 못한다고 생각할 때, 학생들이 교사들의 의견이나 요구를 들어주지 않을 것이라고 생각할 때에 가장 손쉽게 선택할 수 있기 때문이다. 매일 같이 쏟아지는 업무지시 속에서 단기간에 다수의 학생들을 가르치고 통제해야 하는 상황 속에서 군사문화가 몸에 밴 교사들이 아무런 저항 없이 강압적인 리더십을 선택하는 것은 오히려 당연할지도 모른다. 그러나 학생들의 공포감정에 기초한 이러한 강압적 리더십의 결과는 즉각적인 결과는 얻을 수 있으나 장기적인 결과는 담보할 수 없다. 또한 강압적 리더십에 의존하는 교사는 항상 조급하고 피곤하며, 화가 나 있고 불안하며, 다른 대안이 없다고 생각하며, 즉각적인 효과를 신봉한다. 강압적 리더십은 강제력을 일상화한다는 측면에서 교육적이지 않다.

교사들은 때로 강압적인 리더십 대신 협상이란 방식을 선택하기도 한다. 학생들에 대한 요구와 보상을 교환하는 실리적 권력(utility power)은 '너희들이 내 지도에 따라 이렇게 이렇게 해주면 내가 너희들을 위해 무엇 무엇을 해줄게' 하는 식으로 교환에 기초한 리더십이며 공평한 거래라면 관계가 계속될 수 있으나, 더 좋은 조건이 나타난다면 파기될 위험도 있는 것이다. 적정보상이 권력관계의 핵심이라고 할 수 있다. 실리적 리더십은 공평하고 합리적으로 보이며, 상찬(賞讚)이라는 이름으로 교육적으로 많이 활용되나, 반드시 교육적으로 옳다고 할 수는 없다.

이렇게 볼 때, 우리나라의 교사들은 학교를 둘러싼 사회문화적 배경에서뿐만 아니라, 학교 내부의 억압적 생활구조에 따라 강압적 리더십을 주로 하고 실리적 리더십을 보조로 하여 수업이나 생활지도를 하고 있는 것으로 볼 수 있다. 이러한 학교의 억압구조와 교사의 강압적 권력행사 형태의 가장 큰 문제점은 강제력의 일상화를 악순환시킬 뿐만 아니라 교사 자신과 학생들의 자율성 또는 주도성(proactvity)을 말살시키는 데 있다.

교직문화의 현실

이러한 학교의 억압구조와 타율적 규제는 교사들로 하여금 자율적인 능력을 실험하고 발전시킬 수 있는 기회를 상실하고 피동적 교직수행을 관습화시켰다. 이 결과 교육적 위계가 아닌 관료적 위계가 학교의 의사결정에 중추적인 역할을 하였으며, 교사들의 전문적 의견이 학교의 정책결정에 반영되지 않는 비민주적인 의사결정구조가 자리잡게 되었다. 따라서 학교의 의사결정구조에서의 교사들의 배제와 이로 인해 배태된 우리 교직문화는 여러 가지 문제점을 보여주고 있다.

첫째, 개인주의적 경향이다. 개인주의의 영향으로 토론을 통해 생산적인 아이디어를 만들고 함께 실천하는 문화가 형성되어 있지 못하다. 학생들의 토론문화를 활성화시키려는 "새 학교문화 창조" 운동이 실패하게 될 수밖에 없었던 중요한 이유 중 하나가 권한을 위임할 줄도, 토론을 통해 문제를 해결할 줄도 모르는 교직문화에 기인했다고 할 수 있다.

둘째, 독립성과 의존성간의 이중성이다. 교사들은 자신의 직무와 관련해서 교장과 동료교사들에게 자율성과 독립성을 요구하는 등 고립주의적 태도를 취하고 있는 반면, 평가나 성과, 급료와 성과급 등 보수문제와 관련해서는 동료와의 상호관계를 강조하는 이중적 모습을 보이고 있다. 장학과 평가를 위한 수업 참관을 싫어하거나 거부하고, 자기가 선호하는 특정 수업 방법을 자유롭게 선택할 수 있기를 바란다. 보수의 과다보다는 타인으로부터 간섭받지 않는 것을 선호한다. 한편으로는 동료 교사들과의 관계에 있어서도 교직이 수평사회라는 점을 강조하며, 수업에서 동료의 관여도 배제한다. 교육적 경험의 상호교환은 개인적 친분에 의해 비공식적으로 이루어진다. 이처럼 동료 교사와의 상호교환은 매우 제한적이고 비공식적이다.

셋째, 인간관계와 친교에 있어서 점점 교직사회는 파편화되고 분절화되어 가고 있다. 자신의 수업이나, 학급의 일에만 관심을 가질 뿐 남의 일에는 간섭이나 관여를 하지 않으려는 경향이 대체로 증대되고 있다. 고립주의적 교직문화를 형성하고 촉진하는 요인은 교사들의 고립된 노동환경에서 기인하는 바가 크다. 한숭희 교수는 교직의 특징을 이렇게 정리한다. ① 업무의 고립: 업무를 위한 상호작용의 극소화 ② 인력충원의 고립: 교사자격증 취득의 폐쇄성과 타 직종 간의 비교류 ③ 학교의 공통문화 부재: 교사의 잦은 인사이동으로 인한 안정적 문화구조의 불비 ④ 지식공유의 부재 : 학습지도안과 생활지도 경험을 공유하지 않음

넷째, 교직문화의 비본질성이다. 학교와 교직문화가 교사들의 전문성과 공동체성을 강화하도록 기여해야 함에도 불구하고 우리 나라 교직문화는 교사 개인의 성장을 촉진하기보다는 오히려 방해하는 방향으로 작용하고 있다. 비본질적 교직문화는 교사의 삶의 방식을 변질시킨다. 교직사회에서 흔히 볼 수 있는 교사들을 삶의 지향을 기준으로 자신의 취미생활과 재산형성에 더 관심을 두는 개인주의형, 교육적 소신이나 학생에 대한 관심보다는 자신의 진로에 주로 관심을

기울이는 승진주의형, 부조리나 동료 교사들의 나태함에 분노하고 교육현실을 개선하기 위해 노력하는 개혁주의형 교사로 유형화할 수 있다. 그러나 이 세 유형의 교사들이 학생들에 대하여 권력을 행사하는 형태를 보면 크게 차이가 난다고 볼 수 없다. 교사 유형에 관계없이 우리 학교의 억압적 생활 구조에서 강압적 권력행사를 요구받기 때문이다. 그러나 비례적으로 보면 개인주의형 교사나 승진주의형 교사들은 자신들의 목적을 달성하기 위해 학생들을 강압적으로 대하고 실리적 권력을 병행한다면, 개혁주의형 교사들은 학생과의 관계를 일차적으로 원칙 중심의 리더십을 발휘하려고 하지만, 이러 권력 행사 방법을 어디에서도 배우지 못했기 때문에 실리적 권력을 행사하기가 쉽다. 그러나 이들의 지향과 학생들과의 현실적 관계의 격차가 워낙 크기 때문에 개혁주의형 교사들의 업무 스트레스는 누구보다도 크다고 할 수 있다.

현재 학교를 공식적으로 지배하고 있는 것은 승진주의형 교사들이나, 교직문화를 실질적으로 구성하고 있는 교사는 개인주의형 교사들이다. 문제는 개혁주의형 교사들이 이들에게 포위되고 있어, 우리 교직문화가 악화가 양화를 구축해 가는 구조라는데 있다. 개인과 조직이 학습하는 분위기를 통해서 교사 개인과 집단이 인간적으로, 그리고 전문직적으로 성장해 가야 함에도 불구하고, 교사들간의 집단적 학습과 협동을 저해하는 풍토가 형성되어 있다. 다시 말해서 우리 교직사회가 너무 관리형 조직으로 굳어 있어 성장형 조직으로 전환되지 못하고 있는 것이다.

2000년도 한국교육연구소의 조사에 의하면, 우리나라의 교사들의 대부분은 우리 교직사회의 자율성 부족을 인식하고 있다. 즉 교사의 과반수인 54.0%가 '외부의 변화에 적극 적응하기보다는 주어진 업무에 주력하는 편'이라고 응답하였고 그다음으로 '상부의 지시에 순응하는 편이나 학교에서는 교원들이 변화를 주도한다'는 평가가 34.4%로 나타났으며, '외부변화에 둔감하고 무사안일하며 보수적이다'(8.3%)와 '진취적이고 개방적인 편이다'(1.8%)라는 평가는 소수로 나타났다. 그러나 교사들은 교직사회를 좌절하게 만드는 가장 중요한 원인으로 근로조건보다는 교원으로서의 전문적 성취와 자기 직무에 대한 통제권의 결여로 인식하고 있다. 즉 '교원들은 전문적 성취감의 결여와 관련하여 가르치는 보람이 적고(23.1%), 학생들을 다루기가 힘들며(15.8%), 자신의 직무와 관련하여 결정권과 통제권이 없는'(14.4%) 것으로 인식하고 있는 것이다.

교사들은 자신의 가르치는 일과 관련하여 전문적 자율권의 부족에 강한 불만을 가지고 있고 이의 개선을 요구하고 있다. 문제는 어떻게 하면, 이들에게 학생들과의 교육적 관계에서 주도성을 되찾게 하고, 또한 학생들에게 주도성을 심어주어 교사-학생의 상호의존적 관계로 승화시키는 방법을 찾아내는가에 달려 있다고 할 수 있다.

혁신학교의 등장

이러한 학교의 억압구조와 현실주의적이고 수동적인 교직문화는 혁신학교 정책의 시행과 함께 크게 개선되었다. 혁신학교의 등장 배경과 취지를 간단히 살펴보자.

맥락

학교실패(school failure)는 우리나라뿐 아니라 세계적 현상이며, 최근에서야 발생한 문제라기보다는 공교육체계가 확립된 이후 학교교육에 대한 기대와 다른 실망적인 결과에 대한 일반적인 표현이라고도 할 수 있다. 내용적 측면에서도 미국에서는 낮은 성적 문제(low achievement)와 높은 중도 탈락율(high dropout)이 강조된다면, 일본에서는 이지메 문제, 한국에서는 소위 학교붕괴현상이라고 일컬어지는 수업중 부적응행동, 학교지체 등이 초점이 되고 있다. 이에 대한 대응으로 나타난 것이 미국의 헌장학교(charter school)나 영국의 재정지원학교(grant-maintained school), 프랑스의 우선교육지구(Zone d'education prioritaire : ZEP)라고 볼 수 있는데, 경기도의 혁신학교는 정책형성의 역사적 맥락이나 정책 담당자들의 인지 여부와 상관없이 학교의 자율권 보장을 통한 학교 혁신과 재정지원이라는 당근을 제공한다는 점, 열악한 환경의 학교 지원이라는 점에서 헌장학교와 재정지원학교, ZEP의 특징을 모두 가지고 있다고 할 수 있다.

<표1> 외국의 학교개혁 조치

구분	국가	특징
헌장학교	미국	• 공립학교를 개선하기 위한 목적으로 학교이해 당사자들이 주체가 되어 헌장을 중심으로 학교를 설립·운영하고 성과를 평가하여 유지 또는 폐지를 결정함 • 집권적 규제의 해제와 학생들의 학업성취에 대한 책임 • 자율성과 책무성을 기본으로 하는 시장기제에 의한 통제원리
재정지원 학교	영국	• 지방교육청(LEA)으로부터의 통제를 완화하고 단위학교의 자율권 부여 • 중앙정부의 직접적인 재정지원 • OFSTED와 병행
ZEP	프랑스	• 학력저하와 학교폭력 예방이 목적 • 학급당 학생수 20명 이하로 제한 • 인센티브제공(임금과 승진기회) • ZEP 네트워크 조직 • 지역별 진로지도정보센터 조직

세우고자 하는 것

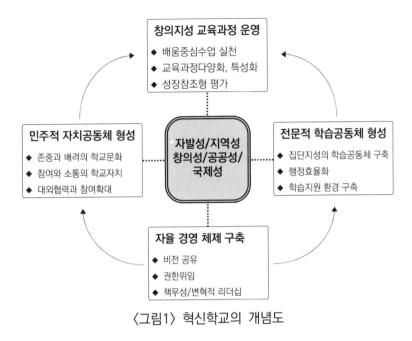

〈그림1〉 혁신학교의 개념도

어떻게 바꾸어야 하는가?

- 인간에 대한 새로운 접근

기존의 학교조직관과 학습 및 경영철학은 인간의 피동성에 기초하고 있다. 적당한 자극과 조치가 주어지지 않는다면 인간(교사와 학생)은 자발적으로 공부하지도 일하지도 않는다. 이렇게 인간의 외부 통제를 기본으로 하는 행동주의를 인간의 내부적 동기와 선택을 강조하는 입장으로 학교심리학을 바꾸지 않으면 안 된다.

- 메타포와 매니지먼트 : 관료제에서 학습조직으로, 보스에서 리드 매니지먼트로

지금까지 학교조직을 보는 입장으로 가장 일반화된 모델이 관료제 모형이다. 최고 권력자를 정점으로 해서 다단계의 분업구조와 재량 권을 부여하고 행사하는 조직이 관료제이다. 원래 관료제는 권위의 위계적 구조에 기초하여 분업을 통한 전문성과, 규칙과 규정을 통한 개인감정을 배제하여 합리성을 추구하는 것이었다. 학교조직을 관료 제로 파악하는 입장의 이점과 효용도는 널리 알려져 있지만, 문제는 창의적이고 역동적인 교사와 학생의 역할을 기대하기 어렵고, 변화 무쌍한 현대의 학습생태계에 적응하기 어려우며, 행정가가 보스형 관리(boss management)를 행사할 가능성이 아주 높다는 점이다. 보스형 관리는 자극반응(S-R)심리, 당근과 채찍 심리, 결과지향성에 기초하고 있기 때문에 교육의 질(quality)이나 구성원의 만족감 또는 행복심리에 대한 관심이 적다. 학교조직이 학습조직이 되면 권위에 기초한 매니지먼트가 아니라 전문성에 기초한 민주형 관리(lead management)를 행사하기가 쉬워지고 목표는 교육의 질적 향상에 목표가 맞춰지게 된다.

- 리더십과 자발성 : 배제와 일방에서 참여와 소통으로

성공적이라고 평가받고 있는 일부 혁신학교 사례는 참여와 소통이 학교를 변화시킬 수 있는 강력한 힘이라는 것을 보여 주고 있다. 학

교에서 관료제는 우리 학교의 권력문화와 결합되면서 일방주의적 행정 행태를 보이고 결과적으로 교사들을 무력화시키는 기제로 나타나고 있다.

참여가 배제된 상태의 비민주적 관료주의 체제 내에서 교사들이 선택하는 행동양식과, 참여가 보장되고 교사가 자발성이 발휘되는 상태의 교사의 소통양식과 리더십의 형태를 비교하면 다음 그림과 같다(〈그림 2〉).

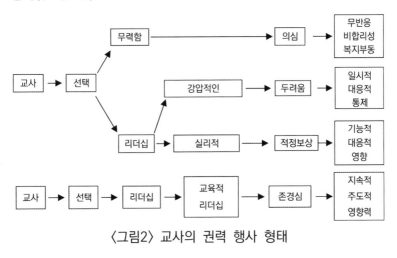

〈그림2〉 교사의 권력 행사 형태

참여 문제가 학교 내 권력 배분의 문제와 관련된다면, 소통의 문제는 학교 구성원의 존재 방식과 교육내용의 유통과 관련되어 있으며 학교 구성원의 참여 형태는 소통양식의 차이를 가져온다고 할 수 있다. 학교내 민주주의는 교육과정의 구성과 운영, 평가, 학교조직의 개편, 교내 인사 등 내용과 관련된 일련의 의사결정과 문제 해결 등에 참여함으로서 소통능력을 통한 학교향상의 결과를 보여주고 있는 것이다. 학교에서의 참여 문제는 참여 범위와 참여 내용, 주체에 따라 여러 형태로 개념화할 수 있다. 참여 범위에 따라 단순한 허용적 형식적 참여(token participation)형태에서부터 학교자치(school autonomy)까지, 참여 주체에 따라 단순히 교장과 교사의 관계, 학부모와 지역사회 인사까지 참여하는 등의 여러 형태가 있을 수 있다. 문제는 구성원의 학교 참여 보장이 바로 학교의 생산성을 담보하지 않는다는 것이다. 교장의 참여적 리더십이 교사에 대한 권한위임을 통하여 학교의 모든 교육활동 과정에서 참여하여 자발적이고 헌신적으로 기획하고 집행하고 평가할 수 있도록 힘을 실어주는 일을 가능하게 하고, 또한 학부모와 학생들이 교육목표에 달성하는데 동참할 수 있도록 해야 한다.

현재 우리 사회에서 소통의 문화는 지속적으로 확장되고 있다. 이제 소통은 생활과 행정의 효과적 기술이라는 측면뿐만 아니라 인간의 삶의 양식이라는 의미를 가지고 있다. 소통의 양뿐만 아니라 소통의 질적 성격도 변화되고 있다는 뜻이다. 소통이 하급자에 대한 상급자, 학생에 대한 교사의 설득의 의미를 넘어 인간의 서로주체성의 교류이며, 특히 지식기반사회에서 소통능력이 문제해결능력이라고 인식한다면, 교육은 비판적 사고와 소통을 통해 새로운 지식과 정보에서 새로운 문제를 찾아 해결하는 과제로 이해되어야 할 것이다.

- 일반화에 앞서 하는 질문과 성찰

학교의 목표가 성과로 이어지기 위해서는 완벽한 법적 지원뿐만 아니라 민주적이고 내실 있는 학교행정이 수반되어야 한다. 학교자치는 학교가 독립된 기관으로서 외부의 간섭이나 규제에 얽매이지 않고 자신의 특성과 조건을 고려하여 자유롭고 교육에 관한 의사결정을 할 수 있는 제도, 즉 학교는 학생 선발과 지도, 교원 임용, 교육과정 편성과 운영, 교육재정 운용, 시설과 설비의 구비 등에 관하여 공적으로 요구되는 기본적인 요건에 부합되는 한 자유롭게 결정하고 시행할 수 있는 사법적 제도이다. 학교자치의 구현 문제는 법적 다툼의 대상일 뿐만 아니라 장기적인 과제라고 할 수 있다.

문제는 현실적인 조건 하에서 어떻게 학교를 민주적으로 운영하여 학교의 생산성을 도출해 내는가, 그 방법은 무엇인가 하는 것이다. 성공적이라는 평판을 듣고 있는 몇 개의 혁신학교 사례가 우리 학교교육의 보편적 사례가 아니고 특별한 경우라면 일반학교와 이 두 학교의 교육적 성과의 차이를 가져오는 것이 무엇인가 하는 것이다. 이 두 학교가 혁신학교(정책)이고 자율학교(법률)이어서라면 다른 혁신학교와 자율학교도 같은 성과를 얻어야 하지 않는가? 그렇다면 학교의 성공은 제도의 문제인가? 운영의 문제인가? 결국 사람의 문제인가?

혁신학교 일반화를 위해서는 세 가지를 점검해야 한다. 하나는 혁신학교 내부에 대한 점검, 그리고 혁신학교 정책과 성과에 대한 일반

학교의 태도, 그리고 이것을 추진하고 있는 교육청의 태도와 전략이다. 첫째, 경기도 학교혁신 정책과 혁신학교 제도가 정착단계를 거치면서 학교의 비민주성과 관료주의적 비효율성, 개혁정책에 대한 냉소 등이 점차 사라져 가는 것으로 판단되지만, 반대로 괄목할 만한 학교혁신(혁신학교)의 성공 브랜드라고 드러내 놓고 이야기할 만한 것이 무엇이 있는지 검토할 단계에 와 있다고 생각한다. '성공했다'고 말하는 학교의 성공요인이 무엇인지, 구체적으로 교장의 리더십이 어떻게 발휘되고 있는지, 교장을 비롯하여 학교 구성원들이 천착하고 있는 학교개혁의 구체적 내용이 무엇이고 활용되는 방법이 무엇인지, 교사들의 자발성을 어떻게 끌어내어 교육환경을 질서 있게 조직해 내고 있는지, 학교 내외에서 교사의 재훈련은 어떻게 이루어지고 있는지, '성공했다'고 말하는 학교의 사례를 어떻게 일반화할 수 있는지 우리 모두가 고민하고 성찰할 일이다. 둘째, 혁신학교가 무슨 성과를 얼마나 내고 있는 것과 관계없이 스스로 익숙한 것으로부터 단호하게 결별하고 새로운 것을 받아들일 수 있는 준비가 되어 있는가 하는 문제이다. 엄격하게 말하면 일반화 단계에서는 기존의 혁신학교에서 무언가를 배우는 것이 아니라, 시대적 당위적 요청과 우리 교육의 모순과 문제점, 비생산성을 청산하기 위한다는 점에서 출발해야 하기 때문이다. 셋째. 교육청에서는 지금까지 추진하였던 여러 가지 교육개혁 조치가 실패하게 된 배경과 원인을 꼼꼼히 살펴볼 필요가 있다. 일반화 단계에 대한 제도적, 정책적 접근의 한계를 인식하고 이를 실행할 사람(교사, 학부모, 행정가)들을 돌보고 양성해야 한다. 정책은 입안한 사람이 바뀌면 바뀌게 되지만, 그것을 신념을 삼는 사람이 많아진다면 제도와 정책이 바뀌더라도 지속가능한 방식으로 운동하게 되기 때문이다. 이를 위해서 교육청은 ① 기존의 교육 개혁방식처럼 탑다운(top down) 방식으로 결코 성공할 수 없다는 사실을 명심해야 한다. 교육청부터 보스형 관리가 아니라 민주형 관리를 실천해야 한다. 교육청의 지나친 의욕은 강압으로 비쳐 단위학교의 반발을 사 일반화하기도 전에 그 토대를 잃게 될 것이다. ② 일반화를 단순하게 혁신학교 프로그램을 일반화하는 것으로 이해하지 말아야 한다. 일반화가 혁신학교 프로그램을 패키지화한 매뉴얼이 되어서는 안 된다. 그런 식으로 한다면 혁신학교는 부담과 긴장, 업무과다 등으로 제대로 일을 할 수 없게 될 것이고, 일반학교는 일반학교대로 거부감과 소외감으로 혁신교육의 취지와 성과를 받아들이기 어려울 것이다. 일반화 단계는 교육청에서 한꺼번에 잘 차린 음식으로 뷔페를 배설하는 것이 아니라, 각 학교가 맛있는 음식을 한 두 가지씩 가져와 조촐한 식탁을 차리고 음식을 함께 즐기는 방식으로 진행되어야 할 것이다. 소위 공유지식(sharing knowledge)의 창출과 전달방식으로 진행되어야 한다. ③ 혁신학교(학교혁신)는 프로그램이나 사업이 아니라 학교 개선절차이며 교육의 본질 회복 과정으로 이해하여야 한다. 학교 안에 우리가 알게 모르게 가지고 있던 교육적 모순을 타파하고 관행을 개선하여 교육의 효과성을 증진시키는 일이 되어야 한다, 교육을 통하여 학생(학부모)은 의미 있는 학습을 하고 이를 통해 지적 성숙과 자신의 진로를 개척하여 행복감을 증진시킬 수 있고 사회(국가)는 적절한 인력을 공급받고 건강한 시민을 양성하여 사회통합을 이룰 수 있어야 한다. 이 과정에서 교사는 충분한 효능감을 가져 교사로서 시민으로서 행복감을 맛볼 수 있어야 한다. 학교관리자는 이런 교육의 본질이 회복되고 기능할 수 있도록 조건을 창출해야 하며, 이를 위해선 단순한 학교 관리를 넘어 교육의 조장자 역할을 해야 한다. 혁신학교(학교혁신)의 성패는 학교 관리자에게 달려있다.

길을 잃은 문재인 정부의 교육정책

촛불정부를 자임하는 문재인 정부는 어느 정부보다도 강력한 민심의 지지 속에서 출발하였고 사회와 교육의 변화에 대한 국민의 기대 또한 어느 때보다 뜨거웠다. 그러나 뜻밖에 문재인 정부는 대학입학 제도 개선정책이라는 문 앞에서 너무나 일찍 길을 잃고 말았다. 경기도 혁신학교의 성공적 운영을 통해서 전국적인 지명도를 얻으면서 진보교육 정책의 아이콘으로 떠오른 김상곤 장관의 등장과 실패는 결국 문재인 정부의 교육정책의 난맥상으로 귀결되게 된다. 결과적으로 문재인 정부는 적어도 교육 분야에서만큼은 독자적인 교육정책을 가장 적게 펼친, 고유의 자기 교육 브랜드가 없는 유일한 정부가 될 것 같다. 굳이 시행한 정책을 열거한다면 대학입학정책 개선의 시도와 실패, 교육정책에서의 공론화 제도 도입, 전국적인 원격수업 도입 정도라고 할 수 있다.

첫째, 정부가 처음으로 개선을 시도한 것은 대학입학 정책이었다. 사실 대학입학 정책은 우리나라 교육의 아킬레스건으로, 어느 정부나 개선을 시도하였고 또 어느 정부나 실패하였으며 국민 누구나 개선을 원하는 것이지만 국민 전체가 원하는 합의된 개선방안이 없는 것이어서 뜨거운 감자로 남기가 쉬운 정책이다. 그런데 이러한 뜨거운 문제를 충분한 대책 없이 너무 안이한 태도로 정권 담당자들과의 충분한 협의 없이 추진한 것이 화근이 되었다. 알다시피 우리나라 입시제도는 크게 보면, 수시와 정시로 단순한 것 같지만, 그 안에는 여러 가지 조합이 가능하여 실제로는 매우 복잡한 양상을 띠고 있다. 자세히 알고 보면 수시든 정시든 고비용, 고노력이 들어가는 제도지만 표면적으로 보면 수시 학종이 시간과 노력과 비용이 더 들고 부모의 지원이 더 할 수 있어서 계급적으로 더 편향되어있는 제도처럼 보인다. 그래서 학부모들은 일반적으로 수시 학종을 선호하지 않는다. 그러나 교사들의 입장에서는 수능에 의존하는 정시 제도로는 학교 수업을 정상화할 수 없기 때문에 학교와 교사의 지도와 개입이 어느 정도 허용되는 수시 학종을 선호한다. 실제로 학종이 자리 잡으면서 특목고가 아닌 일반계 고등학교에서도 수업이 살아나는 등 효과를 보고 있었다. 많은 지지자들이 수능의 절대평가제 도입과 수시 학종의 확대를 기대했음에도 불구하고, 교육부는 2017년 8월 10일 수능을 상대평가와 절대평가를 절반씩 운영하는 안과, 전과목 절대평가 적용이라는 안 두 가지를 동시에 제시하는 정말 이상한 수능개선안을 발표하였다. 결과적으로 이 개선안은 정부의 지지자나 반대자 모두에게 지지받지 못함으로써 장관의 사퇴를 불러왔고 기대를 모았던 촛불 정부에 걸었던 교육개혁은 시도도 못해 본 채 추동력을 잃고 말았다. 일개 지방교육 담당자로서 중앙교육을 운영할 능력이 부재했던 것인지, 정부내 반대세력의 지원 부족이나 방해가 있었는지, 민심에 대한 이해나 설득방법에 대한 고민 부재에 있었는지는 알 수 없으나 쉽게 이해할 수 없는 대목이라고 할 수 있다.

둘째, 수능개선안의 실패는 엉뚱하게도 교육정책의 공론화 제도를 도입하게 된 계기가 되었다. 대입정책 공론화 제도는 고리 5, 6호기

원전 폐기에 대한 공론화 작업을 참고한 것으로서 숙의민주주의의 한 실례로 거론된다. 과거에도 정부는 정책 과정에서 대중의 의견을 수렴하기 위해 각종 설명회, 공청회, 여론조사 등을 활용해 왔다. 그러나 이러한 의견수렴 기제들은, 많은 사람들이 정책 이슈들에 대해 잘 알지 못하거나 심각하게 고민해 보지도 않은 채 참여하는 것이 보통이기 때문에 시민들의 숙의에 기반한 판단이나 결정을 전제로 하지 않는다는 문제점을 가지고 있다. 최근 부각되고 있는 공론화 절차들은 정책 문제에 대한 이해와 학습 기반의 여론을 얻어내는데 적합한 기제라고 할 수 있다. 현재까지 다양한 숙의적 절차들이 개발되었는데, 이들 절차들은 공통적으로 일반 시민들이 정책 이슈에 대해 더 많은 정보와 지식을 갖고 숙고할수록 정책 선호가 달라진다는 점을 전제로 하고 있다. 이러한 측면에서 2017년 가을 진행된 신고리 5·6호기 공론화는 참여 민주주의(participatory democracy)에서 숙의 민주주의(deliberative democracy)로의 전환 가능성을 상징적으로 보여준 중요한 계기가 되었다. 신고리 5·6호기 공론화 과정을 벤치마킹한 대입제도 개편 공론화는 기본적으로 공론조사(deliberative polling)와 시나리오 워크숍(scenario workshop)이 결합된 형태로써, 2018년 5월 말 국가교육회의에서 공론화 범위를 한정하였고, 공론화위원회는 6월 16~17일 이틀간 이해관계자, 학부모, 학생, 교원, 대입 전문가 등이 참여하는 시나리오 워크숍을 통해 대입제도 개편의 비전을 수립하고, 시나리오를 구성하는 절차를 진행하였다. 그 결과, 서로 다른 비전과 대안을 담은 4개의 고유한 대입제도 개편 시나리오들이 만들어졌다. 7월 중순 1차 숙의와 하순 2차 숙의에는 400명이 넘는 시민참여단이 2차례에 걸쳐 이들 시나리오들을 의제로 하여 학습과 토론의 공론화 절차를 진행하게 된다. 이 사건은 본래는 대입정책 개선안 발표에서 빚어진 혼란을 수습하는 과정에서 예상치 않게 나왔지만, 뜻밖으로 교육정치(educational politics)의 가능성을 열어주고 있다. 교육의 탈정치성과 중립성을 기계적으로 강조하는 지금까지의 입장에서 벗어나서 교육의 정치적 과정과 가능성을 탐색해 봄으로써 교육의 영역과 방법을 확장시켜 줄 것으로 기대한다. 다만 숙의의 대상이 본질적인 교육철학이나 이념 또는 교육개혁의 방향이나 교육제도의 수립에 대한 것이 아니라 하나의 단위 정책에 초점이 맞추어져 있는 것이 이상한 모습이라면 이상하다고 할 수 있다.

셋째, 전국적인 원격수업체제 도입이다. 물론 이것은 미래교육에 대한 전망에 따라 교육부가 선제적으로 또는 자발적으로 시행한 정책은 아니다. 예상치 못한 코로나 팬데믹으로 인해 선택의 여지 없이 어쩔 수 없이 한 임기응변적 요소가 강하다. 코로나가 창궐하는 와중에 교육부는 2020년 3월 31일 고3을 대상으로 온라인 개학 시행을 발표하고, 후속하여 단계별로 유초중고등학교의 온라인 개학, 원격과 등교 개학의 병행 교육(블렌디드러닝)을 강행하였다. 당시에 무모하다는 비판과 함께 교육을 방기할 수 없다는 양론이 팽배했지만, 지금은 K-방역과 함께 K-에듀로 그 업적을 평가받기에 이르렀다. 지역별로, 학교별로 부분적으로 시행하던 미국과 유럽 국가와는 달리,

전국적으로 원격교육을 보편적으로 시행할 수 있었던 것은 우선 교육에 대한 국민의 전폭적인 관심과 지지 덕분이었다. 과도한 교육열로 비판을 받기도 하지만 어떠한 상황에서도 자녀의 교육을 염려하고 포기하지 않는 학부모의 지지가 없었다면 가능하지 않은 일이었다. 둘째로, 고3 원격교육의 시작과 함께 이어 고3 매일 등교는 대학입학시험이 한국인의 삶에 어떤 규정력을 가지고 있는지 새삼 일깨워 주었다. 셋째, 보편적 전국적 원격교육이 가능했던 것은 한국의 통신 인프라 때문이었다. 초고속 인터넷 보급률과 속도가 세계 1위이고 스마트폰 보급률 또한 세계 1위라는 사실, 거기다가 소외계층에 대한 통신비 지원 정책까지 잘 갖춰져 있는 우리나라이기 때문에 가능한 일이었다. 넷째, 아이러니한 일이기도 하지만, 인터넷강의(인강)를 기반으로 한 사교육의 발달도 원격수업 조기 도입에 기여하였다. 사교육의 인강이 있었기 때문에 EBS 온라인 교육이 가능했고, EBS 온라인 덕분으로 부분적으로 미숙하고 불안정했지만 전국 단위의 온라인 수업이 가능하게 된 것이다. 마지막으로 모범적인 방역의 성공에 자신감을 얻은 정부와 교육 당국의 발 빠른 행정에 공을 돌릴 수 있다. 그러나 코로나 팬데믹이 언제까지 지속될지 모르지만, 학습결손의 누적, 교사-학생간의 관계 개선 문제, 병행 수업의 주기와 지속성 등에 대해서는 좀 더 깊이 있는 고민이 필요할 것으로 보인다.

2장

❖❖❖❖❖❖❖❖❖❖❖❖❖❖❖❖❖❖❖❖❖❖❖❖❖❖❖

한국교육의 이데올로기

교육과 이데올로기

이데올로기는 사회가 나가야 할 바람직한 방향과 운영방식을 결정하고 사회 구성원 모두의 행동과 실천에 실질적이고 강력한 영향을 미치는 지배적인 사상 또는 신념체계이다. 대개는 지배집단이 피지배집단을 이끌어가기 위해 퍼뜨리는 정치적, 사회적 이념의 형태로 나타난다. 그러나 이데올로기는 너무나 다의적이고 다층적이어서 한마디로 명쾌하게 정의하기가 어려우며, 과학이라기보다는 신화나 미신에 가까워서 형성의 배경과 지배의 원리를 이론적으로 설명하기가 쉽지 않다. 공산주의나 자본주의와 같은 국가 수준의 거대 이데올로기가 있고, 정당의 정강·정책과 같은 특수 이데올로기가 있다. 또한 신라의 풍류도나 조선의 성리학과 같이 이데올로기란 말이 생기기 전부터 한 나라 한 사회의 지배 이데올로기 기능을 수행한 사상체계도 있다. 이데올로기의 특징은 첫째, 전체성이다. 사회에 속한 모든 사람에게 강력한 영향을 끼친다. 둘째, 은밀성이다. 특별히 의식적으로 가르치지 않아도 저절로 습득한다. 셋째, 허위성이다. 대개 지배 집단의 논리가 피지배집단의 도덕으로 받아들여진다. 남, 특히 지배 집단의 생각이 내 생각인 줄 안다. 존재가 의식을 결정하는 것이 아니라, 의식이 존재를 배반하는 것이다. 넷째, 수정 불가능성이다. 웬만해서는 믿는 바를 바꿀 수 없다.

한국교육에도 당연히 이데올로기가 있다. 거대 담론 수준에서 교육을 지배하는 것은 물론 자본주의 이데올로기이다. 북한이 교육을 통해 공산주의적 인간을 양성하려고 하는 것처럼 한국은 교육을 통해 자본주의적 인간을 양성하려고 한다. 교육과정을 통해 자본주의 유지에 필요한 지식과 기술, 태도와 가치관을 습득시키려고 한다. 한국의 지배집단은 교육을 통해 사회적, 경제적 재생산을 도모할 뿐만 아니라, 문화 자본을 통해 유리천장을 만들고 계급을 재생산하고 세습한다. 그러나 우리 교육을 지배하는 것은 자본주의라는 큰 틀의 이데올로기만 있는 것은 아니다. 교육을 지배하는 작동원리로서 한국인의 머릿속을 장악하고 있는 확고한 신념의 이데올로기가 있으며, 한때 발전의 추동력이 되었으나 현재는 한국교육 발전의 발목을 잡는 덫이 되고 있다.

먼저 학벌주의이다. 우리 사회에서 인간 형성이라는 교육의 본질적 기능은 교육학 교과서에만 있는 개념이다. 교육은 학교를 얼마나 오래 다녔는가의 문제이고, 대학교육이 보편화되면서 재학기간이 문제가 아니라 어느 대학을 나왔느냐가 문제가 된다. 미국에도 HYP(하바드, 예일, 프린스턴) 라는 말이 있지만, SKY는 우리나라 학부모의 신앙이 되어 입시철마다 예수나 부처도 이 문제를 해결해야 영험하다는 소리를 듣게 되었다. 재벌이란 말이 한국 특유의 개념이듯이 학벌은 우리나라의 고유어가 되었다.

우리에게는 능력주의(meritocracy) 신앙이 있다. 전통적인 신분체제가 깨지면서 누구나 신분이 아니라 능력에 따라 교육을 받고 능력에 따라 직업을 가지고 능력에 따라 지위를 획득할 수 있는 평등한 사회가 되었다. 그런데 자본주의적 축적이 진행되면서 능력이 이제 평등의 기제를 넘어 선발의 기제가 되면서 능력주의로 전환이 되었고 결과적으로 차별과 배제의 정당화 논리가 되었다. 지금 벌어지고 있는 공정과 정의의 싸움의 밑바닥에는 바로 능력주의가 작동하고 있다. 능력은 선천적인 것이 아니라 부모의 사회경제적 지위(SES)에 따라 세습되고 있다는 것을 잘 모르고 있다.

우리나라 사람들은 발전은 경쟁에서 비롯된다고 굳게 믿고 있다. 경쟁신화에 빠져 있는 것이다. 작은 땅에서 빈약한 자원을 두고 경쟁하던 습관이 교육에도 그대로 반영되어 빈약한 상급학교 진학기회를 위해서 경쟁했고, 더 높은 학업성취를 위해서 학생들끼리 경쟁을 시켰다. 경쟁이 학업성취를 진작시킨다고 굳게 믿었던 옛날, 우리 선생님들은 시험이 끝날 때마다 학교 복도에 1등부터 꼴찌까지 과거시험

방 붙이듯이 성적 방榜을 붙이는 야만적인 행동을 서슴지 않고 했다. 그래서 우리는 행복은 성적순이라고 믿었고, 우리는 학습에서의 협력의 중요성을 간과하였고 협력 없는 사회를 만들어 경쟁 지옥에 빠져서 살게 되었다.

해방 후 우리나라 학교심리학을 지배한 것은 행동주의 심리학이었다. 물론 나중에 유기체(O)의 변수를 고려하긴 했으나, 자극(S)에 반응(R)하는 존재로서의 인간에 대한 가정은 심리학의 과학화에 크게 기여하였지만, 우리 교육은 이런 편협한 심리학에 기초하여 모든 교육이론과 학습이론이 만들어졌다. 교육의 목표는 모두 행동적인 용어로 기술되어야 했으며, 교육목표 진술부터 학습경험의 선정과 조직, 수업과 평가에 이르기까지 행동주의적인 방식에 의하여 이루어지는 타일러와 블룸의 교육과정을 우리 교육과정의 표준으로 삼았다. 그 결과 인간의 인지적 측면과 감정과 사고의 복잡한 과정을 사상捨象시켰고, 결과적으로 인간관계와 개인의 행동을 탈윤리적이고 탈정치적인 것으로 만듦으로써 권위주의 지배체제에 동조하게 되었다.

우리 교육의 중요한 특징 중의 하나는 미국주의이다. 현대교육의 기본 틀은 미군정 시대에 학제를 비롯하여, 미국의 교육제도와 교육이론을 모방하여 만들어졌으며, 해방 이후 지금까지 미국 유학파들이 주도적으로 운영하고 있다. 정부 수립 이후에는 미국주의자 이승만이 대통령이었고, 오천석 같은 미국 유학파들이 문교정책을 주관하였으며, 지금도 고시에 합격한 교육 관료들이 국비 미국 유학에서 공부한 이론으로 미국 유학을 다녀온 유수 대학의 교수들과 함께 교육정책을 주도하고 있다. 국가교육과정이 바뀔 때마다 미국의 사조와 이론들이 배경과 근거가 되었다. 홍익인간이라는 교육이념은 해방 후부터 교육기본법의 머리 부분에 근사하게 허울의 아우라로 자리 잡고 있지만, 우리 교육의 실질적인 국부는 죤 듀이이다. 그마저도 죤 듀이의 진정한 철학은 왜곡된 채 미국 정신과 제도가 그 부작용과 모순과 불평등과 함께 우리교육의 고갱이가 되었고, 우리나라는 미국보다 더 미국적인 나라가 되었다. 전쟁과 교육과 교회를 통해 미국은 우리의 모국이 되어 미국을 비판하는 일은 불경과 불온의 대상이 되었다. 광화문에는 지금도 미국 깃발이 우리 깃발 인 양 힘차게 휘날리고 있다.

학벌주의의 덫

　대한민국은 신분제 사회이다. 그것도 신분이 세습되는 나라이다. 뭐라고? 갑오개혁이후 신분제가 철폐되었고 왕조시대도 아닌데 신분이 세습된다니? 기막힌 일이지만 사실에 가깝다. 대한민국 현대사회는 학벌學閥이 신분이고 카스트이고 대를 통해 세습된다. 단순히 가방끈 길이의 문제가 아니라, 가방끈의 색깔이 더 중요해졌다는 뜻이다. 벌閥이 '이해관계나 각종 인연 등을 함께하며 서로 뭉치는 패거리'를 의미하는 것처럼, 이제 단순한 학력學歷을 넘어, 특정 학교를 매개로 한 학벌은 상징자본으로서 사회경제적 지위를 재생산하며 후대에게 세습되는 것이다.

　2차 대전 이후 교육폭발은 세계적 현상이었으나 그중에서도 우리나라는 대표적인 사례였다. 해방 당시 대학 진학률은 불과 0.3%에 불과하였으나, 1980년대 약 30%를 거쳐 2000년대에는 70%대를 상회하였고, 2008년 83.8%로 최고점을 찍은 뒤에, 2017년 현재 68.9%를 기록하여 고등교육의 대중화 단계에 접어들었다. 도어(R. Dore)의 말대로 모든 국민이 '졸업장 병'에 걸린 수준이었다고 할 수 있다.

　도어는 저개발국가에서 학력이 취업의 조건으로 활용되면서 취학 및 진학 경쟁이 급증하고, 경쟁이 과열될수록 상급학교 진학률을 밀어 올리는 교육팽창현상을 설명하고 있다. 교육팽창현상을 설명하는 몇 가지 이론이 있다. 사람마다 학습의욕이 있고 경제적 여유가 생기면서 학교에 가게 되고 상급학교 진학률이 높아진다는 학습욕구이론이 있다. 이건 상식적이긴 하지만, 우리의 학교가 자발적 학습이 아니라, 강제적 학습노동에 기초하고 있고, 지적·인격적 교육욕구를 채워주는 적합한 장소가 되지 못한다는 비난을 받고 있다는 점에서 설득력이 떨어진다(굿맨, 실버맨, 일리치, 라이머 등). 산업시대에는 누구나 직업을 가져야 하고, 과학기술의 부단한 향상 때문에 직업기술의 수준이 계속 높아져서 학력이 높아질 수밖에 없다고 설명하는 기술기능이론이 있다(클락, 콜린스). 이것은 인간자본론이나 발전교육론(슐츠, 베커)과 같은 입장인데, 설득력이 있지만, 직업세계의 기술수준과 학교의 교육수준이 반드시 일치하는 것은 아니며, 대학의 전공과 직장의 담당 업무가 다른 경우도 많고, 최근의 과잉학력을 제대로 설명하지 못한다는 약점이 있다. 교육팽창 현상은 오히려 지위경쟁이론에 의하여 많은 부분이 설명된다. 학력이 사회적 지위 획득의 수단이기 때문에 높은 지위를 얻고자 하는 사람들이 경쟁적으로 높은 학력을 취득하는 탓으로 학력이 계속하여 높아진다고 보는 것이다. 경제학자들은 학교 단계마다 교육의 사회적 수익률을 계산하고 추정하는데 깊은 관심을 가졌지만, 그런 지식이 없이도 왕조시대 유교적 신분사회에서의 교육의 위신과 일제 강점기를 거치면서 교육의 현실적 유효성을 몸으로 체득한 우리 민중들은 직감적으로 교육의 기회적 요소를 포착하였고, 그 결과 상아탑이라고 믿었던 대학을 단숨에 우골탑牛骨塔으로 만들 수 있었다. 학벌현상은 더 밀어 올릴 수 없는 학력팽창의 막바지 단계에서 대학을 서열화하고 소수의 특별한 대학과 나머지 대학을 구별하고 배제하는 차별화 기제에서 나온 것으로, 재벌과 마찬가지로, 전통적 연고주의가 청산되지 못한 한국적 현상이라고 할 수 있다.

한 때 〈학벌 없는 사회를 위한 모임〉에서 활동한 철학자 김상봉 교수는 "학벌 문제는 단순히 사회적 불평등에만 관련된 문제가 아니고 우리 사회의 문화적 봉건성에 맞닿아 있는 문제이다. 좁은 의미의 계급적 차별에 대해서 본다 하더라도 우리 사회의 계급적 차별은 학력學力에 따라 이루어지는 것이 아니라 학벌에 따라 이루어진다… 우리의 보통교육을 정상화시키기 위해서도 학력이 아니라 학벌을 문제 삼아야 한다. 학생은 대학에 들어가기 위해 경쟁하는 것이 아니라 남보다 조금이라도 더 높은 서열의 대학에 들어가기 위해 경쟁하는 것"이라고 말하고 있다. '서울대의 나라(강준만)'나 SKY의 나라를 정면으로 문제 삼아야 한다는 것이다. 학벌은 한국사회의 모든 영역에서 사회를 작동시키는 핵심적인 개념이다. 학벌사회는 사회학적으로 변형된 신분제적 가치와 원리가 지배하는 사회를 말하고, 정치학적 측면에서는 사회적 권력의 배분이 학벌이라는 네트워크에 의해 이루어지는 파당적 요소로 분배되는 붕당적 사회를 말한다. 경제학적 측면에서는 한 사회가 생산하는 부와 권력을 소수 학벌집단이 지대추구 행위를 통해 독점적으로 차지하는 독과점 사회를 말하며, 문화적 측면에서는 학벌이라는 집단의 편견이 개인의 인간관계 형성이나 결혼, 취업 등 일상의 모든 영역에 파고들어 문화적, 심리적 갈등을 빚어내는 갈등사회를 의미하는 것이다(김동훈, 2001). 학벌사회를 옹호하며 반대급부를 챙기는 공범들이 우리 사회 도처에 있다. 고교 다양화 정책이라는 명분으로 특목고, 자사고, 자공고 등 선발된 학교체제를 유지하는 중앙 정부, 고등학교별 서울대 합격자를 보도하며 입시철마다 명문대학 수석 합격자를 인터뷰하며 설레발치는 언론들, 학부모의 불안 심리로 먹고사는 사교육 기관과 업자들, 끊임없이 차별 기준을 만들어내는 소위 명문대들, 서울 소재 명문대학에 합격시키기 위해 지역의 명문 고등학교를 육성한다고 지방의 세금을 지원하는 지방자치단체와 교육청들, 내 아이가 서울대에 간 것도 아니면서 서울대 합격자 수로 학교를 평가하며 흐뭇해하는 지역주민들, 잘못된 제도를 고치려는 노력보다는 기존제도에 어떻게라도 편승하려는 우리 필부필녀 모두가 공범이라고 할 수 있다.

도어는 1970년대에 이미 학력사회로의 교육팽창현상이 국가적으로 교육재정을 압박하고 사회적으로 교육받은 실업자를 양산하는 문제뿐만 아니라, 교육적으로 입시준비교육으로 인한 학습과정의 형식화와 인격교육의 부재라는 교육 모순을 우려하고 있었다. 학력사회를 넘어 학벌사회가 된 우리나라는 그 이상의 심각한 교육의 왜곡현상이 나타나고 있다. 학벌주의는 몸과 노동을 천시하고, 학교의 모든 교육적 기획을 정지시킨다. 학교가 사회적 선발기관으로 계획하고 기능할 뿐, 더 이상 교육기관으로서의 기능을 상실하고 있는 것이다. 아니 많은 사람들이 입시와 선발을 교육 자체로 믿고 있다. 현실적으로 일반계 고등학교는 입시시장에서 설자리가 없다. 2021학년도 SKY(서연고) 대학교의 입학정원은 약 1만여 명이고, 고등학교 상위권 그룹을 형성하고 있는 특목고 3학년 학생이 약 22,000명, 자율고 (자사고, 자공고) 학생이 약 37,000명 정도인데, 일반계 고등학교 학생들이 머리를 디밀고 들어갈 수 있는 대학은 어디인가? 일반 고등학교 학생 대다수는 자신의 고유한 능력을 개발하고 실력을 쌓기도 전에 패배주의에 젖어 있을 수밖에 없다. 리처드 리브스는 〈20대 80 사회〉에서 상위권 대학 출신의 상위 20% 중상류층 부모의 자녀들이 상위권 대학의 입학기회를 독과점하면서 누군가의 유리천장을 유리 바닥으로 디디고 있는 미국교육의 현실 문제를 적나라하게 지적하고 있다. 우리나라도 2015년 SKY(서연고) 입학생은 최상위층(소득 9, 10분위)출신 학생 비율이 70%를 넘고 있다(EBS뉴스). 우리나라도 신분이 교육을 통해 세습되고 있는 것이 실증적으로 증명되고 있는 것이다. 이제 개천에서 용은 나올 수 없다. 학벌주의는 지방의 그만그만한 인재들까지 서울로 빨아들이면서 지방의 공동화를 불러 온다. 우리는 여기에서 물어야 한다. 학벌사회를 철폐하기 위해 노력할 것인가? 그래도 현재의 제도 안에서 내가 들어갈 틈을 찾을 것인가? '대학입시 거부로 삶을 바꾸는 투명가방끈들의 모임(투명가방끈)'의 8대 요구사항을 소개한다. 1. 줄 세우기 무한경쟁교육에 반대한다. 2. 획일적인 정답만을 강요하는 권위주의 주입식 교육에 반대한다. 3. 교육과정에서의 학생의 인권은 보장되어야 한다. 4. 교육의 목표가 입시와 취업이 되어서는 안 된다. 5. 누구나 질 좋은 교육을 받을 수 있도록 교육예산이 확보되어야 한다. 6. 모든 사람들이 대학을 가야 한다는 편견과 강요에 반대한다. 7. 대학과 학벌로 사람을 평가하고 차별하는 학벌차별과 학벌사회에 반대한다. 8. 누구나 최소한의 먹고 사는 걱정 없이 배우고 싶은 것을 배우고, 하고 싶은 것을 할 수 있는 안정적인 사회보장이 이루어져야 한다. 미래 세대를 위해 이 젊은이들의 피 끓는 절규를 새겨들어야 하는 것이 오늘을 책임지고 있는 우리 세대의 책무이다.

능력주의의 허울

이미 우리나라는 '졸업장 병(diploma disease)'이 문제가 되는 학력사회를 넘어 학벌사회로 진입했다. 소득과 자산의 세습은 자본주의 국가의 세계적 현상이라는 것이 증명되었고 교육이 그 매개 고리라는 것도 밝혀졌다. 토마 피케티는 말할 것도 없고, 미국의 계층구조에서 소득과 부가 교육을 통하여 어떻게 부모세대에서 자녀세대로 이전되는지 분석한 리처드 리브스의 「20 vs 80의 사회」는 어쩌면 한국의 현실을 분석한 것 같다고 할 만큼 미국과 한국의 불평등 구조의 유사성을 드러내 주고 있다.

학벌주의의 기저에는 능력주의(meritocracy)에 대한 강력한 믿음이 깔려 있다. 능력주의 또는 업적주의는 전통사회의 귀속주의의 병폐를 넘어 새로운 사회적 보상체계로 등장한 근대적 개념이다. 부, 권력, 명예와 같은 사회적 재화를 혈통, 가문, 신분, 계급이 아니라, 오로지 개인의 능력에 따라 분배한다는 생각으로 근대 자본주의 사회의 확실한 분배 정의의 상징이 되었다. 왕조시대와 식민시대의 봉건, 반봉건 질서가 무너지면서 능력주의는, 과거 조선시대 선비들의 입신양명의 정신처럼, 해방이후 무주공산無主空山의 사회에서 '개천에서 나온 용'이 되고자 하는 능력 있고 야망 있는 젊은이들의 입신출세주의로 변모하여 개인의 출세와 사회의 발전을 앞당기는 핵심적인 에토스 역할을 했다. 어려운 처지에서도 열심히 노력하여 능력을 계발하면 성공한다는 능력지상주의적인 신념은 '잘 살아보세'라는 구호와 함께 국민적인 신앙이 되었으며, 교육의 수익률에 눈 뜬 선각적인 부모들은 땅 팔고 소를 팔아서라도 될성부른 자식들을 무리해서 대학에 보내게 된다. 이른바 우골탑 신화다. 이러한 능력주의 신념에 의한 사회 계층의 재편은 60년대생들이 사회에 진입하면서 완성이 된다. 이철승의 「불평등의 세대(2019)」는 한국의 소위 86세대가 어떻게 30년대생 산업화 세대를 물리치고 사회 주류가 되었는지를 실증적으로 분석한 저작으로, 60년대생들의 사회진출과 승진, 정치권과 경제계에서 기득권 세력이 되어가는 과정을 잘 설명해주고 있다.

그런데 문제는 86세대들이 우리 사회의 기득권 세력이 되면서 능력주의의 역설 또는 배반 현상이 나타난다. 즉 능력주의가 더 이상 작동하지 않거나 소위 '능력'이라는 것이 선천적으로 누구나 타고나거나 계발되는 것이 아니라, 계층 또는 계급에 따라 타고나서 세습되는 현상이 나타나기 시작한 것이다. 능력주의 사회에서는 '능력'을 신장시키고 그것을 평가할 수 있는 것은 교육이기 때문에 교육이 매우 중요한데, 바로 교육제도가 능력과 지위의 세습 기제가 되고 있는 것이다. 조귀동은 「세습 중산층 사회(2020)」에서 86세대 중 '학번을 가진 사람들'과 '그렇지 않은 사람들'의 자녀들인 90년대생 세대 내의 불평등 구조를 밝히고, 한국사회가 세습중산층 사회가 되었다고 선언하고 있다. 불평등의 문제는 세대 간의 문제가 아니라 90년대생 세대 내의 문제라는 것이다. 한국의 노동시장은 대기업 정규직이나 공무원이 차지하는 1차 노동시장과 중소기업 재직자나 비정규직이 차지하는 2차 노동시장의 분절적 이중구조인데, 1차 노동시장은 소위 서울 소재 명문대 학생들로 채워지고, 2차 노동시장은 지방대학과 고졸이하 노동자로 충원된다. 그 비율은 대략 20:80이다. 크게 보면 인 서울 대학과 수도권 대학과 지방대학 출신들의 급여 차이의 경향성이 나타나고, 자세히 살펴보면 서울 소재 대학 안에서도 입학 성적 별로 대학 간 임금 격차가 뚜렷하게 나타난다. 대학이 서울 소재 명문 대학과 '나머지' 대학으로 나뉘는 것이다. 이러한 노동시장의 극심한 이중선별 구조가 형성된 것은 2000년대에 대학을 졸업한, 50년대생의 자녀인 80년대생부터이며 60년대생의 자녀인 90년대생에 와서 그 경향이 더 가팔라졌다. 명문대의 입학 여부와 첫 직장에 따라 사람의 신분이 결정되는 것을 눈으로 직접 목격한 학부모들은 사교육을 통해서라도 자녀들을 명문대학에 진학시키려고 사활을 건 노력을 경주하였고, 내 아이는 상위권 명문대에 진학할거라는 근거 없는 신념과 함께, 그렇게 얻은 지위는 불평등하더라도 정당한 것으로 간주하며 능력에 따라 차별적으로 분배되는 사회보상체계를 수용하기에 이르렀다. 조귀동은 '대졸자직업능력이동조사'를 이용하여 서울 4년제 대학과 지방 2-4년제 대학 출신의 취업 1년 후 소득을 비교 분석하였다. 결과적으로 서울 소재 대학은 입학 성적 상위 40%의 대학 출신까지 소위 '번듯한 일자리'를 얻을 수 있고, 지방의 경우 상위 20% 정도가 번듯한 일자리를 얻을 수 있는데, 그 수치 안에 들어가는 사람은 의치대, 약대, 로스쿨, 카이스트나 포스텍 등의 졸업자라고 추정할 수 있다. 여기에서도 핵심은 부모 소득이 상위 20%에 속할 경우 자녀소득도 상위 20%에 속하게 되는 비율이 급격히 상승

한다는 점이다. 다시 말하면, 부모의 사회경제적 지위가 자녀의 서울 소재 대학, 그중에서도 명문대학에 입학할 가능성과, 상위 20%(9, 10분위) 소득에 위치할 가능성을 결정한다. 또한 상위 20%의 20대 는 자신의 삶이 안정되어 있다고 믿고, 이에 만족하고 있으며, 이전 세대에 비해 우리 사회가 훨씬 더 기회의 평등이 보장되어 있다고 믿고 있으며, 경쟁과 자율을 신봉하고 있다. 그들은 우리 사회의 엄 청난 경제적 불평등을 무조건 부정의하다고 받아들이지 않는다. 왜 냐하면 그와 같은 불평등은 정의롭다고 인식되는 차별적 분배원칙에 따라 생겨난 것이라고 믿기 때문이다. 능력주의 이념은 기회의 균등 이라는 원칙과 결부된 평등주의적 전제 위에서 능력과 노력에 따른 차등적 분배를 그 원칙으로 삼아 자본주의적 시장경제에서 사회구성 원들 사이의 불평등을 정당화하고 만들어 내는 것이다. 헬조선이라 고 아우성치는 보통의 젊은이들의 목소리와는 큰 거리감이 있다.

이제 잔치는 끝났다. 고도성장의 시대는 끝났고 세습 자본주의 시 대가 시작되었다. 중상류층의 부모들은 상대적으로 이혼율도 낮고, 임신 출산도 계획적으로 할 수 있는 '정상가족' 안에서 자녀의 생애 를 전체적으로 계획하고 운영할 수 있는 경영능력과 그 물적 토대를 가지고 있다. 결과적으로, 능력사회인 한국사회에서 세습 중산층의 자녀들은 명문 고등학교를 졸업하거나 조기유학을 통해 외국어능력 및 교양, 좋은 품성(비인지적 능력) 등을 가지고 명문대학을 거쳐 1 차 노동시장을 합법적으로 독식할 수 있게 되었다. 온 국민이 사교육 에 목을 걸고 있으나 사교육의 실질적 혜택을 받을 수 있는 사람들

역시 '스카이 캐슬'에 살고 있는 사람들일 확률이 높다.

이제 사교육으로는 세습자본주의 사회를 따라잡을 수 없다. 우리의 능력지상주의적 차별화는 다른 나라보다 더 유별나고 극단적이다. 능력주의 이념은 차라리 유사종교 같다. 학벌주의와 결부된 능력주의는 많은 병리현상을 수반한다. 미친 사교육 풍조, 대학 서열화, 공교육의 입시학원화, 세계 1위의 청소년 자살률, 아우성치는 헬조선의 목소리, 사교육비에 함몰되는 노후 빈곤 증대, 확대되고 심화되는 국민적 열등감 및 열패감 등등. 겉으로 드러나는 이러한 충격적인 증상보다도 더 심각한 것은 능력주의가 교육본질의 회복을 불가능하게 한다는 것이다. 능력주의 사회에서는 개인의 고유성이나 개성은 무시되고 철저하게 성적이라는 단일의 기준에 따라 평가함으로써 학교에서 자기실현을 위한 자아탐구나 민주시민으로서의 자질 함양 같은 진짜 중요한 교육적 요소들을 쫓아내 버리는 것이다.

이미 부르디외는 권력과 경제력을 세습하는 것이 용납되지 않는 민주사회에서, 자본주의가 능력주의라는 통로를 통해서 부를 세습시킬 거라고 경고해 왔다. 벌써 30년 전에 "시험 점수나 등수 때문에/ 자신이 바보라는 걸 깨닫게 된 건/ 정말 처음이라던 혜영이/ 아아 어두워지는 교실에서/ 마지막 책걸상을 정돈하는/ 주번 아이들마저 돌려보내고/ 쓰라린 가슴으로 창밖을 보면/ 행복은 성적순이 아니다/ 피맺힌 유서 남겨놓고 목숨 끊은/ 어린 열다섯 여학생의 얼굴이 떠오르고/ 이 나라 푸른 하늘 보기가/ 그만 소름끼치도록 무서워진다/"(〈행복은 성적순이 아니다〉)는, 자살한 제자 앞에서 시인 정영상이 느꼈던 참담함과 바람과는 정반대로 세상은 가고 있다. 능력을 가장한 학벌 세습주의를 타파할 것인지 완화해 나갈 것인지는 이제 우리가 결정해야 할 일이다. 입시 제도를 점검하고, 기회 불평등 요소를 시정하거나 보완해주고, 사회임금체계와 조세제도를 개선하는 일이 모두 필요할 것이지만, 무엇보다도 이런 것들을 결정하는 민주주의 정치체제가 학벌주의의 최고 수혜자인 최상층 계급에 의하여 장악되지 않도록, 온전한 민주주의 정치체제를 만들어가는 것이 중요하다. 이를 위해서는 힘들어도 의식 있는 민주시민을 양성하는 시민교육의 발걸음을 한 발 떼어 나가야 한다는 주장은 얼마나 허약해 빠진 일인가?

경쟁주의, 과학인가 신화인가

　인터넷에 떠도는 어떤 글을 보니 한반도에 두 개의 유일사상이 지배하고 있다고 한다. 하나는 북쪽을 지배하는 주체사상이고, 또 하나는 남쪽에서 지도이념으로 당연시되는 경쟁주의 이데올로기라는 것이다. 경쟁주의가 우리나라에서 북한의 주체사상의 위상과 같은 역할을 하고 있다는 것인데, 사실 여부와 그 정도를 정확히 가늠할 수는 없으나, 현대 우리사회를 경쟁사회, 경쟁중독사회, 무한경쟁사회라고 부르는 데에는 이의가 없을 것으로 보인다. '빨리빨리', '각자도생', '승자독식' '학벌사회', '능력주의', '선행학습' 등의 언사 밑에는 경쟁이라는 심리적 현상이 깔려 있다.

　미래의 지위와 부를 선점하기 위해 가장 치열하게 경쟁을 벌이는 곳 중 하나가 교육 분야이다. 상급학교 진학을 위한 단순한 학력경쟁의 시대를 지나서 고등교육이 보편화되면서부터는 '인 서울' 중에서도 최상위권 학벌 경쟁이 살벌하게 전개되고, 이제는 외국유학과 학위취득을 통한 학력차별화가 본격적으로 시도되면서 교육경쟁은 극에 달하고 있다. 학교 안에서의 성적경쟁은 점점 더 치열해지고, 우위 선점을 위한 사교육 경쟁은 한없이 확장되고 팽창된다. 오래 전에 '4시간 자면 합격하고 5시간 자면 떨어진다'는 4당5락이라는 말이, 지금은 '자기 학년보다 4개 학년 앞서 선행학습 하면 원하는 대학에 합격하고 3개 학년만 하면 떨어진다'는 4당3락이라는 말로 바뀌어져 학부모들 사이에 유행한다고 할 만큼 사교육과 선행학습이 극성이다. 살인적인 경쟁주의가 돈 놓고 돈 먹는 머니게임으로 전락한 느낌이다. 사람들은 PISA의 교육성취도 국제 순위에는 만족하지만, '주관적 건강', '학교생활만족도', '삶의 만족도', '소속감', '상황적응', '외로움' 등 어린이와 청소년의 행복지수(OECD)가 꼴찌라는 것은 신경쓰지 않는다. 극심한 교육경쟁에 아이들은 기쁨 없는 강제 학습노동에 소진되고 이를 지원하는 부모들의 삶도 함께 불안과 경제적 어려움으로 피폐해지고 했다.

사람들은 경쟁이란 마치 공기와 같아서 이것 없이는 생존을 영위해 나갈 수가 없고, 공기가 자연의 요소인 것처럼 경쟁도 사회의 본질인 것처럼 생각한다. 교육계와 주류 언론은 경쟁이 학업과 교육에서 필수적이라고 인식한다. 경쟁은 동기를 강화하고 결과를 향상시키는 것으로 믿는다. 한정된 재화를 획득하는 데 경쟁은 불가피하고 또한 공정한 기제라고 생각한다. 이런 생각은 적자생존과 약육강식을 자연의 진리로 인식했던 다윈의 생각을 사회에 적용한 사회진화론에 의해서 정당화 되었다. 자원은 희소하고 제한되어 있기 때문에 희소한 재화 획득을 위한 경쟁은 불가피하며 경쟁 말고는 다른 대안이 부재하다는 것이다. 경쟁의 논리를 가장 확실하게 찬성하고 옹호하는 것은 경제학이다. 경쟁은 판매를 촉진하며 기업의 판로를 개척하게 하고 결과적으로 고용을 촉진시켜 사회의 유용성을 증대시킨다고 보는 것이다. 경쟁은 고전경제학에서부터 신자유주의 경제학까지 경제의 가장 중요한 공리公理로서, 거시경제에서는 자유무역을 촉진시키고 미시경제에서는 노동 유연성의 근거가 된다. 이기적인 목적에 자극을 받은 개인들 간의 경쟁이 자동적으로 사회에 좋은 결과를 가져온다고 주장한다. 이런 주장은 모든 것을 경제로 생각하고 계산하는 경제환원주의 시각에 물든 한국에서 경쟁이 교육적 결과를 향상시킨다고 생각하는 이론적 근거가 되고 있다.

그러나 경쟁에 대한 경제학의 주장에 대해서 반박하는 견해도 있다. 주장의 근거와 전제, 해석이 잘못되었다는 것이다. 자크 사피에르(Jacques Sapir)는 경쟁의 효용성에 대한 고전 경제학의 이론에 대해서 이의를 제기한다. 경쟁이 자유무역을 촉진한다는 흄의 일반이론이나 아담 스미스의 '보이지 않는 손'의 메카니즘이 실제로는 논증된 적이 없는, 과학의 언어가 아니라 도그마에 불과하다는 것이다. 즉 일정한 상황에서 특정 결과를 실현할 때 경쟁이 개개인의 행위를 조화시킬 수 있는지 여부에는 관심을 두지 않았으며, 입증하지도 못했다는 것이다.

또한 현대 생태학은 다윈의 적자생존을 부정하고 있다. 생물은 무한히 증식시키려는 본능이 아니라, 삶의 영위를 위해서 적정한 군집의 규모를 스스로 조절할 수 있는 능력을 가지고 있으며, 불필요한 경쟁을 회피하는 다양하고 능동적인 메카니즘을 가지고 있다고 본다. '가우스의 원리'(두 종의 생물이 똑같은 생태적 지위를 누리는 경우는 결코 없다)를 비롯해 생태학적 연구를 종합하면 자연은 경쟁적 투쟁을 회피할 수 있는 방향으로 조절되어 있으며, 투쟁이 아니라 평화로운 공존이 자연계의 법칙이다. 오히려 적자適者는 싸움을 잘 하는 동물이 아니라 언제든지 싸움을 회피하는 동물이다. 자기와 상반된 힘을 가진 자와 협동하는 생물이 자연계의 진정한 적자이며, 자연은 경쟁이 아니라 협동과 조화의 기제에 의해 움직인다는 것이다.

알피 콘(Alfie Kohn)은 경쟁반대론의 선봉에 서있다. 「경쟁에 반대한다」는 저서에서 그는 경쟁옹호론이 1. 경쟁이란 인간 본성이다. 2. 경쟁이 최선의 동기를 부여하며 생산적이다. 3. 경쟁은 스포츠와 같이 재미있다. 4. 경쟁이 인격을 형성하고 자신감을 갖게 한다는 일반 사람들의 통념이 잘못된 정보에 기초한 신화에 불과하다고 주장하며, 경쟁은 학습된 것이고, 협력과 비교했을 때 비생산적이며, 놀이의 정신을 훼손하며, 자존감은 경쟁이 아니라 협력을 통해 가능하다는 것을 논증하고 있다. 결론적으로 협력체계에서의 보상의 분배가 개인과 집단의 생산성, 개인의 학습능력, 인간관계, 자존심, 일을 대하는 태도, 타인에 대한 책임감 등에 더 좋은 영향을 미친다는 것이다.

경쟁옹호론, 경쟁반대론, 절충론 등 이렇게 경쟁의 효과와 결론에 대한 상반되는 논리와 이론들이 난무한다. 어떤 주장이 이론적으로 그리고 현실적으로 더 적합한지 이해하기가 어렵다. 다만 우리는 경쟁의 실체에 대해서 아무 의심 없이 수용하던 지금까지의 태도를 버리고 경쟁을 의심하는 입장을 가져야 한다. 장은영(2009)에 의하면, 우리나라 사람들이 미국인보다 모든 유형에서 비교활동에 대한 동기가 더 높으며, 자기향상동기에 있어 상향비교 경향이 뚜렷하고, 이의 충족이 주관적 안녕에 유의미한 영향을 미치는 것으로 나타나고 있다. 다시 말해서, 우리나라 사람들이 미국인보다 비교성형이 더 강하고, 미국 사람들이 자기와 비슷한 사람들과 비교하며 자신이 어떤 사람인지 파악했을 때 행복을 느끼는 반면에, 우리나라 사람들은 자신보다 나은 사람들과 비교하며 자극을 얻고 그들과 비교하여 향상되었을 때 행복해진다는 것이다. 미국보다 우리가 훨씬 더 경쟁 환경에 노출되어 있다는 증거인 셈이다.

경쟁의 효용성을 인정한다고 하더라도 어디까지 얼마나 인정할 것이냐 하는 문제는 또 다른 문제이다. 무한경쟁은 결코 바람직하지 않기 때문이다. 경쟁과 협력의 상호보완적 관계도 고민해 보아야 한다. 구조적 경쟁과 의도적 경쟁(알피 콘), 상대적 경쟁과 절대적 경쟁의 차이와 그 효과도 성찰해 보아야 한다. 근면의 정신을 강조하는 〈토끼와 거북이〉의 우화를 우리는 어릴 때부터 경쟁의 이야기로 읽었다. 쉬지 않고 끊임없이 '노오력'하면 이길 수 있다고만 배웠지 물속 동물과 산동물이 왜 경주를 해야 하는지, 경주의 종목이 수영이 아니라 왜 달리기인지, 경쟁의 목표가 푯대인지, 상대인지는 꼼꼼하게 따져보지 않았다. 이제 경쟁과 비교의 기준이 무엇인지, 그 기준은 과연 정당한지를 따져보아야 한다. 하나의 기준으로 모든 것을 측정하며 살인적인 경쟁에 몰두하는 모든 교육 관련자들은 영화 〈지상의 별처럼〉을 한 번 보라.

교육과 사회를 변화시키기 위해서는 집단적인 노력과 지치지 않는 헌신이 필요하다. 경쟁의 폐해를 확실하게 인식하고 현실의 지배 가치를 어디까지 인정하고 어느 정도로 변화시켜야 할지 전략적으로 고민해야 한다, 사회구조를 바꾸는 것은 멀고 힘든 여정이다. 쉽지 않은 일이다. 그러나 폐해의 심각성을 인식했다면 무의식처럼 존재하는 신화를 깨고 경쟁의 개혁 장정에 나서야 한다. 성적이나 학벌 등 교육의 결과를 두고 벌이는 경쟁이 불가피하다는 것을 인정한다고 하더라도, 진정한 학습은 협력할 때 일어난다는 것을 깨달아야 한다. 경쟁이 아니라 협력이 진정한 국가경쟁력이라는 것을 보여주는 유럽의 사례를 유심히 살펴볼 필요가 있다. 교육 종사자와 학부모들은 교육경쟁체제를 대체할 건전하고 생산적인 협력학습 구조를 구체적으로 어떻게 만들어 갈 것인가 하는 과제를 더 이상 미루어서는 안 된다.

시험에 들게 하는 시험

〈"연못가에 새로 핀 버들잎을 따서요 우표 한 장 붙여서 강남으로 보내면 작년에 간 제비가 푸른 편지 보고요 조선 봄이 그리워 다시 찾아옵니다"라는 보기가 나와 있고 보기의 노래 중 '작년에 간 제비'는 어떤 뜻으로 씌었느냐는 문제와 '다시 찾아온다'는 무엇이 찾아온다는 뜻이냐는 두 문제였다. 사자택일 문제로서, 정답은 하나씩 작년에 간 제비는 '빼앗긴 조국'에, 무엇이 찾아오느냐에는 '조국의 광복'에 각각 O표를 해야 하는 건데 소년은 정답에도 O 표를 하고, '제비'니 '희망'이니 '작년 봄의 추억' 이니 하는 함정에도 O 표를 해서 틀려 있었다.〉

〈"주제넘게 굴지 말아요. 누가 요즘 대학생보고 애국하는 법 가르쳐 달랄 사람 없으니까, 차라리 도둑놈보고 집 지키는 법을 가르쳐 달라는 게 낫지. 공부나 제대로 가르칠 생각해요. 조금도 어려울 게 없을 텐데, 교과서나 참고서에 조리(調理)해놓은 걸 그대로 우리 애에게 먹여주는 셈만 치면 될 텐데, 학생이 조리까지 할 생각일랑 말아 줘요."〉(*단어 일부 수정)

1974년에 발표된 박완서의 소설 〈재수굿〉에 나오는 대목으로 국어시험에 두 문제나 틀려 92점 받은 소년의 어머니와 가정교사의 대화 내용 중 일부이다. 이 소설은 원래 졸부들의 이중성을 풍자하는 내용인데, 소설의 골자보다 눈에 띈 것은 시험 얘기였다. 어떤가? 거의 50년이나 지났는데 교사들의 출제 양상이나 시험에 대한 학부모의 태도가 그때와 지금 크게 달라진 것이 있는가? 사지선다에서 오지선다로 바뀌고, 좀 더 정교화되긴 했겠지만, 시험이 사고 과정을 측정하고 평가하는 것이 아니라 출제자가 의도한 정답을 찾아간다는 점에서, 그리고 학부모들이 생각하는 공부에 대한 평가목적보다는 여전히 결과 즉 점수에만 집착한다는 점에서 전혀 변함이 없다.

시험이란 무엇인가? 시험은 평가를 위한 제도이다. 시험은 학습효과를 평가하고 그 결과를 다음 수업에 반영하며, 수업의 성과를 측정하여 그 결과를 최종적으로 성적에 반영하는 것이다. 교육과정(curriculum)은 교육철학에서 시작하여 수업내용의 선정과 조직, 수업, 평가라고 하는 일련의 순환과정을 걸쳐 계획되고 실행되는 것으로 평가 단계에 와서야 완성되고 마무리된다. 따라서 평가는 수업의 목적에 맞아야 하고 선정된 수업의 내용에 적합한 문제가 출제되는 것이 핵심이다. 수업의 목표에서 키우고자 하는 인간의 특성이 반영되어야 한다면 평가에서는 수업의 목표가 어떻게 실현되었는지가 측정되어야 한다. 한 마디로 마땅히 재야 할 것을 제대로 재고 있는가 하는 타당성(타당도)이 필수적이다.

그런데 실제로 우리나라 시험에서 가장 중요한 것은 변별력이다. 그 이유는 시험의 목적이 평가나 피드백이 아니라, 등수와 서열을 매기는 선발이 목적이 되었기 때문이다. 그래서 시험은 적합성 또는 적실성이 논쟁의 쟁점이 아니라 늘 공정성이나 신뢰성이 문제의 대상이 되었다. 학교에서는 '성취 기준'과 '성취 수준'을 세밀히 규정해서 시험제도를 개혁하려고 하지만 상대적 서열화, 등급화가 현실적인 관심사이기 때문에 핵심이 아닌 지엽적인 부분에서의 출제나 고난이도의 문제를 써서라도 변별력을 높이려고 노력하게 된다. 한국에서 교육 문제는 결국 시험의 문제이다. 교육철학이 어떻고, 수업의 내용과 방법이 어떻고, 가 중요한 게 아니라, 교육문제는 내 아이의 시험 성적이 몇 점이고, 몇 등급인가 그래서 어느 대학에 갈 수 있는가, 토익이나 토플이 몇 점이어서 어떤 회사에 취업할 수 있는가 하는 문제로 수렴된다. 본말이 전도되고, 꼬리가 몸통을 흔드는 격이다.

이 시점에서 우리나라의 시험제도는 적어도 두 가지 측면에서 검토되어야 한다. 하나는 시험의 평가 기능을 목적에 맞게 어떻게 개혁하는가 하는 것이고, 또 하나는 시험중독에 빠진 사회적 병리현상을 어떻게 극복할 수 있는가 하는 것이다.

이혜정은 우리나라 최고 학력이 모인다는 서울대학교에서 1, 2학기 모두 평점 평균 4.0(만점 4.3) 이상인 최우등학생을 대상으로 한 실증연구에서 서울대 학부 교육이 비판적, 창의적 사고력이 아니라 수용적 지식 위주의 교육으로 심하게 기울어 있음을 밝히고 있다. 학생들은 최고학점을 받기 위해서 교수의 농담까지 받아 적을 정도로 철저하게 1차 필기를 하고, 수업 후에 이를 구조화하고 도식화하는 2차 필기를 함으로써 수업내용을 완벽하게 소화하는 학습전략을 쓰고, 대한민국 최고지성인 서울대학교 교수들은 자기 말을 그대로 받아쓰는 학생들에게 최고 점수를 부여한다. 학교급별로 이루어지는 우리나라의 암기식, 주입식, 수용적 지식교육은 서울대학교에서 완성되는 셈이다. 이혜정은 한국의 교육을 바꿀 수 있는 가장 좋은 방법은 시험제도를 근본적으로 개혁하는 일이라고 주장한다. 객관식 평가를 넘어, 논술, 구술시험 등의 도입이나, 상대평가냐 절대평가냐 하는 문제를 훨씬 뛰어넘어, 찔끔찔끔 단편적으로 이루어지는 교육개혁이 아니라 고등 사고능력을 측정하는 IB(국제 바칼로레아)로 시험제도를 바꾸면 교육 전반의 문제점이 한꺼번에 바뀔 수 있다고 주장하고 있다(〈대한민국의 시험, 2017〉). 우리 현실에서 감당할 수 있을지는 모르겠으나, 일본도 전면적으로 도입하고 있고 세계적인 추세이니 귀 기울여 들어볼만한 말이다.

다음으로 생각할 것은 시험이 주는 부작용 문제이다. 이것은 나중으로 미루어서는 안 되는, 당장 고민하고 해결해야 할 문제이다. 시험은 아이들만의 문제가 아니라 온 국민을 시험에 들게 하고 있다. 시험은 나날이 치열해지다 못해 이제 전쟁이다. 학생 개인 간의 전쟁을 넘어, 가족 간의 전쟁, 계층 간의 전쟁으로 비화하고 있다. 사회는 시험중독에 빠지고 국민은 모두 시험형 인간이 되어가고 있다. 당신은 몇 등급입니까, 라는 질문을 힐끗대는 눈길로 확인받으며 살고 있다. 전교 1등 출신이 훌륭한 의사라는 의사협회의 황당한 광고를 가만히 보고 있어야 하며 그런 의사들의 진료가 의료행위인지 상행위인지 따져보지 말고 병원에 가야 하는 시대에 살고 있다. 이제 시험은 교육학의 문제가 아니라 사회학적, 심리학적 문제가 되어가고 있다.

김기현과 장근영(《시험 인간, 2020》)에 의하면, 한국인은 '시험 인간'이다. 시험 인간은 "선발과 경쟁이라는 목적을 위해 이루어지는 시험에 적응하는 인간형"이다. 개인의 능력은 시험에 의해서 환산되고 사람들은 시험의 명쾌한 환산 능력을 절대 신뢰하며 맹신한다. 시험중독에 빠지게 되면서 우리는 첫째, 엄청난 매몰 비용 둘째, 편협한 터널 비전 셋째, 경직된 집단사고의 값을 대가로 치르게 된다. 매몰 비용이란 시험에 쏟는 엄청난 시간과 비용을 말한다. 이 때문에 팽창한 사교육비로 인하여 가정경제는 궁핍해지고 노후준비는 부실하게 되며 무엇보다 부모들이 선후, 시비에 대하여 합리적인 사고를 하지 못하게 된다. 터널 비전 효과는 어떤 대상에 집중하면 시야가 좁아지고 시야 밖에 존재하는 것들을 인지하지 못하는 현상을 가리킨다. 집단사고는 다른 구성원과 좋은 관계를 유지하기 위해 자기 속내를 표현하지 못하고, 대집단에 소속하기 위해 집단 속의 부조리에 대한 의문이나 질문을 뭉개버리는 현상이다. 무엇보다도 시험중독은 무엇보다 선택된 상위 20%의 사람들은 선민의식을 가지게 되고 대다수의 사람들을 열등감과 패배감에 빠지게 만든다. 결과적으로 사회는 잘못된 공정과 정의 개념과 갑질과 불평등을 정당화하며 사회는 상호불신과 집단 우울을 앓게 된다.

우리 사회에서 가장 대표적인 '시험 인간'들이 법조인과 의사들이다. 그들은 학교에서 최우등의 성적을 받아 최상위 등급의 대학에 진학하고 고난도의 고시를 합격하여 생애 여러 단계의 시험과 등급 상향 단계를 거쳐, 시험에 익숙하고 시험 결과에 따른 엄청난 수혜와 보상을 당연시하는 사람들이다. 법조인들은 자기 자리에서 최고 지위와 수입을 보장받을 뿐만 아니라, 일정한 시기가 되면 정치에 입문하여 권력을 차지한다. 국회에서 최대의 직역 대표 비율을 차지하고 있는 것이 그 증거다. 코로나 비상사태에서 극도로 불안한 국민의 심리를 볼모로 잡고 반정부 투쟁을 벌이고 있는 의사들의 선민의식과 오만함도 결국 시험제도에서 나온 것이다. 당신은 의사협회 홍보물에 나온 다음 문제를 보고 어떤 느낌이 드는가?

> 문1) 당신의 생사를 판가름 지을 중요한 진단을 받아야 할 때, 의사를 고를 수 있다면 둘 중 누구를 선택하겠습니까?? Ⓐ 매년 전교 1등을 놓치지 않기 위해 학창시절 공부에 매진한 한 의사 Ⓑ 성적은 한참 모자라지만 그래도 의사가 되고 싶어 추천제로 입학한 공공의대 의사

우리 시험제도가 만든 의사집단의 적나라한 의식세계와 그들이 얼마나 시험에 체화되어 있는지가 그 문제와 문장 구성 속에 고스란히 드러나고 있다.

수능의 공정성을 보충한다고 EBS 연계 출제 70%를 보장하는 나라, 대학입학 시험을 준비한다고 비행기도 멈추게 하는 나라, 단 한 번의 시험으로 인생의 진로를 결정해야 하는 나라에서 교육과정-수업-평가-기록(교수평기)의 일체화를 내세우고, 구술, 논술, 퀴즈를 도입하고, 상대평가를 절대평가로 전환하며, 수능시험에 서술형 평

가를 도입하는 등 시험제도를 이렇게 저렇게 고친다고 해결될 일이 아니다. 시험제도가 어떻게 바뀌더라도 방법을 찾아내는 사교육 시장을 활용할 수 있는 상류층의 적응력을 당해낼 사람은 없다. 교육학의 기본원리는 교육학의 책에서 있을 뿐 현실에서 작동되지 않는다. 적자생존, 각자도생의 국민들의 의식 속에서 규정되어 있는 교육에 대한 관념도 결국 교육에 의해서만 바뀔 수 있다. 결국 시험제도의 개혁도 한 줄 세우기가 아니라, 국민의 다양성을 인정하고 다양한 능력의 실현을 보장하는 민주주의에 의해서, 더 많은 것을 가진 집단이 집단의 이해관계가 아니라 사회의 공공선을 돌아볼 수 있는 시민성을 갖출 수 있는 민주시민교육에 의해서 바로 잡힐 수 있다고 기대하는 것은, 시험이여 우리를 시험에 들게 마시고 다만 고통에서 구하옵소서 하는 간절한 기도는, 소소昭蘇한 가을바람이 불어오는 아침, 나 같은 나약한 인간의 턱도 없는 낭만주의적 바람에 지나지 않을까?

행동주의 심리학의 빛과 그늘

티칭머신(teaching machine)으로 완벽한 교육의 혁신이 가능할 것으로 믿었던 때가 있었다. 학습에 관한 연구에서 발전된 기법을 교육에 적용하면 효율적인 교육이 가능하다고 믿었다. 프로그램 학습을 통해서 학습에 관한 체계적인 지식을 이용하고 즉시 강화를 통해서 학습자에게 적절한 보상이 주어지면 완전학습이 이루어진다고 생각했다. 프로그램 학습은 1. 교과의 필수사항을 분석하여 교과를 기본단어, 사실, 개념, 법칙, 원리 등으로 유목화할 수 있다. 2. 학생이 자신의 학습 속도에 맞추어 학습을 진행할 수 있는 개별화 학습(individualized instruction)이 가능하다. 3. 벌, 조롱, 비난 등 혐오적 통제에 기초를 두고 있는 교실 분위기를 변화시킬 수 있다. 4. 교사들을 잡무로부터 해방시켜 준다고 믿었다.

이러한 생각의 밑바탕에 행동주의 심리학이 있다. 행동주의는 인간의 행동을 자극과 반응이라는 모델로 단순화시키고, 환경(자극)을 적절하게 통제하고 결과에 따른 보상과 처벌 기제를 잘 활용하면 행동의 수정이 가능하다고 생각했다. 행동주의는 자기 관찰법에 의존하여 인간의 심리 구조와 심리 기능을 설명하던 구조주의에 대한 반발로, 재현 가능하고(repeatable), 관찰 가능하고(observable) 객관적으로 검증 가능한(testable) 행동만을 연구대상으로 하였고, 결과적으로 행동주의는 환경의 중요성을 알게 하고 행동의 설명과 예언, 통제에 관심을 둠으로써 심리학을 과학적인 학문으로 발전시키는데 크게 기여하였다.

우리나라는 너무나 오랫동안 행동주의가 학교 심리학으로 자리 잡아 왔다. 심리학계에 수많은 이론과 사조가 부침하고 우리 교육계에도 심리학의 여러 사조가 소개되었지만, 교육행정가와 교사 집단에게는 인간은 외부 자극에 의해 통제된다는 사고가 오랫동안 교육의 원리가 되어왔다. 행동적인 수업목표와 타일러(Tyler)의 교육과정모형教育課程模型과 블룸(Boom)의 교육목표 분류학이 우리 교육과정 설계의 정전正傳이 되었다. 교육과정은 교육목표의 설정-학습경험의 선정-학습경험의 조직-평가 등으로 요소화 되었고, 교육목표는 다시 지적 영역과 정의적 영역으로, 지적 영역은 1. 지식 2. 이해력 3. 적용력 4. 분석력 5. 종합력 6. 평가력으로, 정의적 영역은 1. 감수 2. 반응, 3. 가치화 4. 조직화 5. 인격화로 분류되고 이것들은 다시 세분화된 하위목표로 재분류하는 방식이다. 이러한 목표들은 목표를 진술하는 사람의 의도를 잘 전달하는 목표로서 그 목표의 대안적인 해석을 최대한으로 배제하는 구체적이고 세밀한 행동적 용어로 진술된 목표여야 하며, 평가에서도 이러한 구체적인 행동이 측정되어야 한다고 생각했다(최근까지도 우리는 이원목적분류표에 의한 시험을 보았다). 이러한 교육의 원리는 한 마디로 완전한 교육의 계획이 가능하며 학습자의 자유의지 없는 통제를 통해서도 완전한 학습복지가 가능하다는 논리이다. 그러나 행동은 학생의 성장환경에 의해서, 부모의 양육방식에 의해서 또는 유전적 요소에 의해서 결정된다고 믿는 외부통제 심리학은 교사의 지시 없이는 움직이지 않는 학생과 학교 풍토를 현실로 만들었다. 스스로 자신의 삶을 통제하고 경영하는 능력을 인정받지 못한 학생들은 스스로 주도적인 인간으로 성장하지 못할 뿐만 아니라, 주변의 여건과 사람들의 자극에 대응해서 행동하는 수동적인 인간이 될 수밖에 없다. 이러한 인간관과 교육관은 그 뒤에 많은 인간주의적 심리학과 교육학에 의해서 배척받게 되는데, 우리나라에서는 이러한 심리학과 교육학이 대량생산과 대량교육을 가능하게 했기 때문에 경제성장의 하위 변인으로서 교육을 상정했던 발전교육론과 더불어 여전히 잔존하고 있다.

행동주의는 자극이 반응(행동)이 되는 과정을 생략함으로써 블랙박스 이론이라는 비판을 받았다. 인간의 행동은 보이는 것만이 전부가 아니고 측정할 수 없다고 해서 존재하지 않는 것이 아니다. 감정이나 인지 과정, 가치와 의지 부분에 대한 설명이 없다는 비판도 있다. 행동주의 심리학에 의한 교실의 공장화는 기실 자본주의의 발전 속성에 따른 교육의 동원체제에 불과하며, 권위주의 정부의 정치경제적 통제에 기여했다는 비판도 꾸준히 제기되어 왔고, 이러한 행동주의 심리학 등 외부통제 심리학에 반하는 여러 가지 교육 혁신을 꾀하는 시도들도 계속되어 왔다. 내부통제 심리학은 인간에게는 자유의지가 있고 스스로 자신을 통제할 수 있다고 생각한다. 이들에 의하면, 인간은 피동체이기도 하지만 능동체이다. 인간은 자극(스키너 등)이나 과거 경험(프로이드)에 의해 반응하기도 하지만 형성과정에 있는 존재로서 결정자로서(올포트), 자신의 잠재 가능성을 실현시키고자 하는 오직 하나의 기본동기를 가지고 있다. "유기체가 경험하는 자신을 실현하고 유지하고 향상시키려는 하나의 기본적인 성향을 가지고 있다."는 로저스(Rogers)의 생각은 매슬로우(Maslow)의 자아실현 욕구이론으로 이어지고 있다. 글래서(W. Glasser)는 인간의 모든 행동은 생득적으로 지니고 있는 다섯 가지 기본욕구를 충족하기 위한 선택으로 본다. 즉, 인간은 생존, 사랑과 소속, 힘, 자유, 즐거움의 욕구를 충족하기 위해 행동하며 이러한 욕구충족은 다른 사람이 아닌 자기 자신의 행동을 변화시킴으로써만 가능하다. 자신의 행동은 자신이 선택한 결과라는 현실적인 인식하에 행동할 때만이 행동을 변화시킬 수 있다는 선택이론에 근거하여 '좋은 학교(Quality school)'는 학업성취도를 높이고 중도탈락률을 낮출 수 있다는 것을 증명하기 위해 노력해 왔다.

행동주의는 오랫동안 한국의 학교 심리학으로 자리매김함으로써 우리 교육의 양적 성장과 과학화에 크게 기여하였으나, 한편으로는 인간의 수동화 또는 교육의 기계화라는 부정적인 결과도 가져왔다. 통제론(또는 결정론)과 자유론이 철학과 심리학 학파 간에 오랫동안 논쟁이 되어 왔고, 각각의 주장에 합당한 이유와 논리가 있어 어느 하나의 주장만이 옳다고 할 수는 없을 것이다. 다만, 우리 교육계는 행동주의에 대한 지나친 치우침으로 인하여 인간의 능력과 가능성에 대한 또 다른 측면을 간과하거나 애써 무시하는 경향이 있었다고 할 수 있다. 칸트의 말처럼, 인간은 두 세계의 시민이다. 인간은 필연 법칙이 지배하는 사실의 세계에 살고 있는 한편, 내적 자유에 따라 행위하는 도덕의 세계에서도 살고 있다. 두 개의 세계 중 어느 하나를

버리고 하나의 세계만이 존재한다고 주장할 수는 없다.

교육에서 인간관은 교육에서 쌓아 올리고자 하는 건축물의 기초이다. 즉 인간을 어떻게 보는가에 따라 지으려는 집이 달라지는 것이다. 구성주의 교육과정과 수업방식을 지나 학습생태계에서의 학습전략과 적응을 고민하는 시대에 아직도 행동적 용어의 수업목표 진술은 여전히 교사 임용고사 수험서에 그대로 남아 신규교사들의 머릿속에 살아있다. 혁신교육과 배움 중심 수업은 학교의 통제 중심의 근대모형과 근대 심리학의 차원을 넘어 생명, 공동체, 마음, 자유의지 등이 내재적인 작동방식에 따라 움직이는 학습자의 자발성, 교육자의 탄력성, 교육제도의 유연한 자율성에 기초를 두어야 할 것이다.

한국교육의 미국 편향성

우리 교육을 지배하고 있는 강고한 이데올로기 중의 하나가 미국 (중심)주의이다. 우리 교육체제는 오랫동안 이중의 식민성에 근거하고 있었다. 하나는 일본 식민지 교육의 잔재로 강력한 군대식 학교 문화의 형태로 남아 있고, 또 하나는 해방 후 지금까지 진행되고 있는 미국의 지속적 영향력이다. 일제 군국주의의 영향은 해방 후에도 사라지지 않고 오히려 이후 들어선 후진적인 권위주의 정치체제에 의해서 강화되어 견고한 관료주의 학교 문화의 토양이 되었고, 그 토대 위에 미국의 교육사상과 교육제도로 신장개업한 건축물이 들어섰다고 할 수 있다. 갑작스러운 일본의 패망과 철수, 그리고 바로 이어 들어선 미군정 실시는 우리 입장에서 나라의 미래를 고민하고 설계할 기회를 갖지 못한 채 국가설계를 다시 외세에 맡겨야 하는 상황이 되었다.

해방 당시 우리는 나라의 미래에 대한 큰 그림을 준비할 인적, 물적 조건이 전혀 준비되지 않은 상태에서 우리 교육은 미군정의 교육 부문을 담당한 육군 대위(E.L.Lockard)의 손에 맡겨지게 되었다. 그러나 대위는 당시의 한국에 대한 지식뿐만 아니라, 국가의 교육행정을 경영할만한 경험이나 식견이 부족한 상태에 있었다. 미군정이 포고한 교육원칙 제1조의 '일제 식민지교육의 잔재 청산'의 원칙은 미국 지향적인 교육으로 방향을 잡는 것이었고, 결국 미국식 교육을 한국에 이식하는 것이었다. 미군정은 1. 일제 강점기의 학무국을 문교부로 승격시키는 등 중앙교육행정조직의 개편 2. 지방교육행정조직이 일반행정조직과 독립되는 교육자치제도의 도입 3. 6-3-3-4제의 단선형 학제 선택 4. 미국 대학을 모델로 하는 국립서울대학교안을 비롯한 미국형 학교유형제도를 결정하는 등 현재의 학교교육제도와 유사한 교육제도를 확정하였다. 일제 강점기에는 독일의 철학이 지배적이었으나, 해방 후에는 미국과의 외교적 군사적 관계로 인하여 미국의 철학이 수용되었다. 생활교육, 아동중심교육, 교육을 통한 사회재건 등을 내세우는 존 듀이 사상의 영향으로 전체주의적 교육이 민주적 교육으로 방향이 전환되었다. 교육 내용적 측면에서도 영어교육이 강화되고, 생활중심 교육과정이 강조됨으로써 사회과목이 신설된 것도 특기할 만한 일이라고 할 수 있다. 우리 교육에 대한 미국의 영향은 일곱 차례의 교육과정의 변천사를 보아도 알 수 있다. 우리 국가 교육과정은 미국 교육사상사의 변화에 따라 초기 진보주의에서 후기 진보주의로, 지식의 구조와 개념학습을 강조하는 학문중심 교육과정으로, 이어 인간중심 교육과정 등으로 변화하였다. 이렇게 우리 한국인의 교육적 자의식이 형성되기 전에 미국교육은 제도적으로 사상적으로 도입되고 구체적인 교육과정으로 형성되어 우리의 정신 속에 자리 잡게 되었다.

정치, 군사 분야에서 미국이 한국에 강압적인 방식으로 개입하였던 것과는 달리, 교육사상과 제도의 도입은 주로 인적 교류라는 간접적인 방식으로 진행되었다. 해방 전에는 기독교 학교의 선교사들과 유학생들에 의해서 미국의 신문물이 개별적으로 전파되는 수준이었다면, 해방 후에는 미국인과 일부 선교사들이 문교부의 미군 고문의 역할을 수행하면서, 문교부의 각종 계획과 실행에 대한 자문, 재무 행정에 대한 자문, 교육계 인사들의 접촉에 대한 자문을 포함하여, 한국교육을 개선하고 미국의 민주적 교육을 소개하기 위하여 미국 교육모델에 따라 한국교육 프로그램을 작성하였다. 미국인들의 한국 교육에 대한 개입은 개인 차원을 떠나, 〈대한교육조사단〉, 〈UNKRA〉, 〈교육사절단〉 등은 한국에 체류하면서 교사들을 미국적으로 재교육 하거나, 연구 활동이나 각종 계획사업을 지원하거나 원조활동에 참 여하기도 하였다. 교육 원조는 처음에는 주로 학교시설의 복구와 물 자의 공급에 집중되었으나, 점차 훈련, 연구기관 설립 등 기술원조로 진화해 갔다.

교육 인적 교류는 미국 교육자들의 방문 지도로만 끝난 것이 아니 라, 미국 유학의 장려로 미국 지향적 한국인 집단 증가로 이어졌다. 각종 미국 교육사절단이 한국의 젊은 교육학도들을 미국 유학의 길 을 트게 하는 계기가 되었다면, 풀브라이트 프로그램은 전쟁잉여금을 이용하여 교육 교환 프로그램을 활성화시켜 주었다. 한국의 고등교육 을 증진 시키고자 설립된 한미교육재단과 미국 정부 초청, 한국 정부 장학생, 종교단체, 기타 사립 장학재단 등 다양한 방법으로 미국 유학 인구가 급격히 증가하게 되었다. 80년대 초까지만 해도 유학생 총수 의 80% 이상이, 정부 장학생의 거의 대부분이 미국 유학생이며, 대학 의 외국 학위 교수 대부분이 미국 학위이고 교육학 교수의 경우 미국 학위의 비율은 이보다 더 높았다. 미국에서 교육받은 교수들과 이들이 돌아와서 한국에서 양성한 제자 교수들에 의한 대학교육과 교사교육과 교육연구 등의 독점 현상은 가히 미국의 교육지배라고 불릴 만한 것들이었다. 경제 발전으로 오늘날에는 미국 유학은 초등학교에서부터 발생하기 때문에 그 영향은 더 높아지고 있다고 할 수 있다. 이상에서 살펴본 것처럼, 우리 교육은 미국인이 이식한 교육제도라는 구조 속에서 미국인의 교육사상과 이론으로 미국에서 직간접적으로 교육받은 학자집단과 관료집단에 의해서 운영되고 있다.

이러한 현대교육 속에 우리 것과 남의 것을 구별할 수 있는가, 구별하는 것은 어떤 의미가 있는가, 구별하기 위해서는 어떤 준거가 필요한가, 구별은 무엇을 위한 것인가, 이러한 한국교육에 대한 미국의 지배적 영향력에 대해서 어떻게 생각해야 하는가 등의 문제가 80년대 이후부터 우리 교육학계에 의문으로 던져지고 있다. 우리 교육에 대한 미국의 영향력에 대한 평가는 세 가지로 분류할 수 있다.

첫째, 당시에는 우리가 세계의 주변부에 있었기 때문에 불가피한 측면이 있었고, 미국의 영향으로 우리가 근대화에 성공할 수 있었으며, 순기능이 있었다고 보는 견해가 있다. 신분을 배격하고 자유에 기반하여 개인차를 인정하여 개성을 살리는 교육을 하여 개인과 사회의 삶의 질적 향상에 크게 기여했다고 평가한다. 경제성장론과 발전교육론을 신봉하는 한국인 다수의 입장이다. 둘째, 우리 교육에 대한 미국의 영향이 자본주의 국가의 제국주의적 팽창의 한 단면으로 우리 교육의 특수성과 자율성을 회복하기 위한 대안을 찾아야 한다는 입장도 있다. 한국인의 문화 수용의 맹목성과, 교육학자들의 탐구

행위의 종속성과 무비판성에 대한 비판을 핵심으로 하는 문화 제국주의적 관점이다. 비판을 위한 비판이 아니라면, 강대국의 의도를 파악하는 것과 학문의 자주성을 지키려는 것은 국가의 미래 좌표 설정에 도움이 될 것이다. 셋째, 현실적으로 미국의 교육 문제와 한국의 교육 문제가 같지 않기 때문에 미국의 교육이론으로 한국의 교육 문제를 분석하고 대안을 제시하는 데는 한계가 있다고 보는 입장도 있다. 즉 미국 교육이론의 한국적 적합성을 따지고, 우리 교육 문제 해결을 위한 주체적인 학문적 방법론을 확보해야 한다는 입장이다.

위의 어느 입장도 한국교육이 미국 의존적이고 편향적이라는 것을 부인하지는 않는다. 미국 사회를 우리가 본받아야 할 이상적인 모델로 추구하고 달려갔는데 미국적 문제가 우리의 문제로 전이되어 감당할 수 없는 불평등한 현실과 맞닥뜨리고 있다. 해방 직후하고는 비교할 수 없을 정도로 한국에서도 자본주의가 심화 이행됨으로써 미국과 유사한 사회적, 교육적 문제가 나타나고 있다. 미국이라는 나라가 하늘을 다 덮고 있다고 생각했는데 미국의 우산으로는 가릴 수 없는 문제들이 나타나고 있다.

이제 너무나 오랫동안 미국의 눈으로 세계를 보고 우리를 해석하고 있지는 않았는지 돌아볼 필요가 있다. 친미, 반미라는 단순 개념을 넘어 우리의 눈으로 세계와 우리의 문제를 들여다보아야 한다. 이제 와서야 우리는 버려야 할 과거라고 생각했던 우리의 전통의 우물을 다시 들여다보고 있다. 최근 들어 지금까지 별로 관심을 두지 않았던 독일이나, 덴마크, 핀란드, 스웨덴 등 북유럽의 사회복지국가의 교육모델을 탐색하기 위한 발걸음들이 바빠지고 있다. 교육과 교회와 전쟁에 의해서 형성된 마음으로 모인 소위 '태극기 애국시민'들의 성조기 행렬을 착잡한 마음으로 바라볼 수밖에 없는 시절이다.

3장

✧✧✧✧✧✧✧✧✧✧✧✧✧✧✧✧✧

학교의 현주소

졸업식 단상

졸업식 시즌이다. 신종 코로나 바이러스 때문에 올 해 맞는 졸업식은 유난히 쓸쓸했다. 그래도 한 과정을 마치고 들뜬 마음으로 학교를 떠나는 학생들 입장에서는 더욱 쓸쓸하고 허전했으리라 생각된다.

졸업식 때마다 맞는 쓸쓸함은 꼭 신종 바이러스 때문은 아니다. 졸업식에는 학사보고라는 순서가 있고, 대개 그 학교가 한 학년 동안 수행한 교육활동 및 공적, 상급학교 진학상황 등을 소개하는데, 쓸쓸함은 상급학교 진학 상황 소개 중에 나오는 00대학교 외 다수 대학, 000 외 0명 등의 표현에 등장하는 '외'라는 말 때문이다. 소개되는 000 대학교나 누구누구는 대학을 나오고 사회에 진출하여 그런대로 잘 사는 대열에 편입하게 되겠지만, '외 다수 대학'에 진학하거나 또는 그 곳마저 못간 학생들, 또 누구누구 '외'로 호명 받지 못한 학생들은 앞으로 어떻게 살아 갈 것인지 생각하면 우울하다. 교육기본법에 명시된 대로 학교가 '자주적 생활능력과 민주시민으로서 필요한 자질을 갖춘' 학생을 양성해 왔다면 이런 염려는 기우에 불과하겠지만, 대학입시 준비 기관으로 전락한 현실을 생각하면 이 학생들은 대개 차별적인 학벌사회와 분절화된 노동시장에 진입하게 될 것이다. 물론 자신의 삶을 위해서 개인마다 불평등한 구조를 깨뜨리기 위해서 노력은 하겠지만 앞선 세대가 그러했던 것처럼 현실적으로 쉽지는 않을 것이다.

이런 현상이 언제까지 유지되도록 방치해야만 할까? '외 다수대학' 또는 '외 다수'의 학생들도 한 인간으로서 독립적인 자아와 진취적 성취감을 가지고 사회에 나가게 할 수는 없을까? 이 질문은 결국 고등학교가 앞으로도 계속 비생산적인 대학입시준비기관으로 머물러야 하는가와 같은 질문이다. 학자들의 얘기를 동원하지 않더라도 현재의 학교의 모습으로는 미래사회를 준비하지 못한다는 것은 누구나 다 안다. 수시나 정시냐 하는 입시 제도를 개선하는 것으로는 이 문제를 풀 수 없다. 개인적인 노력이나 교육 섹터만의 노력으로 사회 불평등 구조를 개선하는 것도 불가능하다.

상상만으로 문제를 해결할 수는 없지만 상상하지 않고는 변화를 시도할 수 없다. 불안에 기초한 부모들의 입시경쟁을 멈추지 않고는 진정으로 부모들이 원하는 자녀들의 자유롭고 풍요로운 삶을 보장할 수 없다. 형식적인 공정기제에 기초한 대학입시제도를 전면적으로 개혁하여 대학의 선발권을 보장하는 방법도 생각해 볼 수 있다. 더 근본적인 것은 고등학교를 대학입시 또는 선발기관이 아니라 독자적인 보통교육기관으로 명실상부하게 독립시키는 것이다. 그래서 교육기본법에 명시한대로 자주적인 생활능력과 민주시민을 양성하도록 하는 것이다. 지식과 시험으로 변별화된 학력과 학벌이 자동적으로 자주적인 생활능력을 배양시켜주지는 않는다. 본인 스스로 삶과 학습의 문제를 기획해 보고 추진함으로써 성공과 실패의 경험을 하고 또 새로운 시도로 더 높은 과제를 추구하는 경험을 학교에서 많이 제공해야 한다. 고교학점제가 안착되어 이런 일이 앞당겨졌으면 좋겠다. 또한 민주시민교육을 강화하여 시민권뿐만 아니라 시민성 교육을 해야 하고 사회의 부조리와 불평등의 현상과 구조를 바로 보고 그것들에 맞서 싸우고 개선할 수 있는 힘을 가지도록 해야 한다. 마침 올해부터 18세 학생들/청소년들도이 선거에 참여한다. 정치적 중립성과 아울러 유권자로 정당한 권리의식과 사회개선의 요구할 수 있는 계기가 되면 좋겠다. 쓸쓸하게 교문을 나서는 졸업생들에게 그래도 앞날의 행복과 건투를 빈다.

키질하는 교육

내가 다닌 초등학교 졸업생은 2학급 140명이었다. 이 중 반 정도
가 중학교에 진학했고, 다시 이 중에서 반 정도가 고등학교에 진학했
다. 대학에 간 사람은 열 명이 채 되지 않았다. 농사짓는 면적에 의해
빈부를 가늠할 수 있었겠지만, 어린 우리 눈에는 자전거나 텔레비전
이 있는 집이 살림이 좀 나은 것으로 판단했을 뿐, 계층의 차이를 느
끼는 일은 없었다. 온 국민이 대체로 평등하게 가난했던 1971년 일
이다.

고등학교는 6학급 360명 정도가 졸업했다. 시골에서 공부 좀 한
다는 학생들이 모여 치열한 경쟁을 거쳐 100여 명이 교사가 되었고,
30여 명이 의사, 변호사, 회계사, 교수, 장군이 되었다. 회사나 은행
에 들어간 친구들은 중역이 되거나 지점장 등 중간 간부가 되어 퇴직
했고, 두어 명은 고향에서 국회의원이 되거나 군수가 되었다. 고등학
교를 졸업하고 일찌감치 공무원이 된 친구들도 여남은 명 있었다. 당
시 우리 대부분은 농부의 자녀들이었고 선생님을 부모로 둔 아이들
이 더러 있었다. 하숙을 하는가 자취를 하는가 정도의 차이에 의해서
형편이 드러났을 뿐, 학생들 간 위화감 같은 건 별로 없었다. 특별하
다면 자녀교육에 목을 걸었던 눈 밝은 부모들이 배경에 있었다는 점
이다. 70년대 중반의 일이다.

처음 교사를 했던 학교는 공업고등학교로 비교적 가정형편이 어려
운 아이들이 왔다. 당시만 해도 학교 소재지뿐만 아니라 광명, 성남,

안산 같은 인근 도시의 학생들이 모였고, 더러는 충청도 같은 먼 지역 학생들이 유학을 오기도 했는데, 점심 도시락이 문제가 되거나, 수업료 독촉이 교사의 주요 업무일 정도로 경제적 곤란을 겪기도 했다. 그러나 비교적 균일하게 가난한 학생들은 의리를 지키며 서로 잘 지냈고, 졸업 후 대부분 회사에 취직하여 당시 '3저 호황'에 힘입어 고만고만한 중산층 대열에 합류했다. 더러는 사업을 일구어 성공한 친구들도 있고 공직에 진출하기도 하였다. 80년대 후반의 일이다.

교감으로 근무했던 두 개의 학교는 일산 신도시 안과 바로밖에 있었다. 두 학교 모두 전에 근무했던 농촌 학교와는 달리, 학부모의 진학과 학교참여 열기가 후끈했다. 두 학교 모두 특색있는 교육과정을 운영하여 입시에서 나름의 성과를 냈다. 신도시 밖에 있었던 학교는 과학중점학교로 이공계 진학에서 두각을 보였다. 신도시 안의 학교는 두루 좋은 성과를 냈고, 거의 해마다 최저등급을 맞춰 지역균형선발로 문·이과에서 서울대 2명의 합격자를 배출했다. 강남권이나 특목고 등과는 비교할 수 없지만, 보통 일반계 고등학교로서는 최상의 결과였다. 두 학교 모두 학부모들은 자녀의 대입을 위해 최선을 다했다. 차이가 있다면 부모의 직업군에서 전문직의 비중과 '서울 주요 대학'의 합격자 분포에서 차이가 있었다. 70년대 초중반생인 학부모들은 외환위기와 금융위기 시대에 용케도 정규직 트랙을 걸었던 세대라고 판단된다. 2010년대 후반의 일이다.

교장으로 일하는 학교는 신입생 150여 명 중에서 기초학력 미달자가 59명이고, 국어와 수학의 복수 학력 미달자가 19명이었다. 이들 중 80%는 임대아파트 안에 있는 초등학교 출신이었다. 국민임대 아파트 입주 자격이 소득수준 4분위 이하여서 경제적인 어려움이 있었고, 맞벌이나, 한부모 또는 조손가정의 아이들이다 보니 실제 도움 받는 손길이 적어 학습결손이 누적된 결과다. 아이들의 반 이상은 특성화고등학교에 진학할 것이다. 70년대 후반생 학부모들은 경제적 위기 시대를 통과하면서 직업 선택의 어려움을 겪었을 것으로 생각된다. 2020년의 일이다.

돌이켜 보면, 70년대까지는 아직 계층 분화가 급격히 이루어지지 않은 절대적 빈곤의 시대여서 개인의 노력으로 교육을 사다리 삼아 계층 상승이 가능했던 시대였다. 1998년 외환위기가 터지기 전까지는 그래도 계층 상승의 사다리가 작동되어 대졸자는 물론 고졸자도 본인이 성실하게 노력하면 작은 것이나마 사다리를 타고 완만하게 어느 정도(부모보다 높은)까지는 피라미드 위쪽으로 올라갈 수 있었다. 그러나 외환위기 이후 산업구조 재편과 일자리 성격 변화로 교육은 계층이동의 사다리 기능을 상실하게 된다. 내 주변의 경우, 땅 팔아 대학 간 사람들과 초등학교나 중학교만 나오고 땅을 지킨 사람들의 자산규모나 소득이나 생활 수준은 크게 차이가 없지만, 그 자녀들의 학력과 직업을 비교하면 엄청난 차이가 있다. 같은 나이인 내 초등학교 동창생들과 고등학교 동창생들 자녀들의 직업을 비교해 보면 그 차이는 더 커진다. 고등학교 동창생들 자녀들은 의사, 법조인, 대기업 사원, 교사 등이 다수지만, 초등학교 동창생 자녀들에게서는 이런 직업을 찾기가 쉽지 않다. 공고를 나온 제자들의 자녀들과 당시 명문이라고 알려진 인근의 일반계 고등학교 졸업자의 자녀들을 비교하면 아마도 유사한 차이의 경향성이 드러날 것이다. 신도시와 소규모 구도시의 학부모들은 외환위기 이후 강화된 이중노동시장 내 편입된 시장의 지점이 어딘가에 따라 사회경제적 지위가 결정된 것으로 보인다.

나의 생애사를 통해 우리 시대의 계층이동 과정을 들여다보고 있다. 한 명씩 보면 성공 스토리지만, 동창생이나 제자들의 집단을 함께 들여다보면 세대 내, 세대 간 계층이동의 과정이 학자들의 연구 결론과 유사함을 발견하게 된다. 학번을 가진 베이비붐 세대 부모의 사회경제적 지위가 자녀들에게 세습되고 있다는 점, 70년대생 부모 세대의 경우 편입된 노동시장(정규직, 비정규직 트랙)에 따라 자녀들의 교육 조건이 달라진다는 점, 분절적 노동시장이 존재하고 있고, 대기업과 공공부문이 속한 1차 노동시장(임금 상위 20%)에 진입하기 위해서는 '서울 주요 대학(성적 상위 20%)'을 나와야 하는 이중선별체제로 움직이는 사회작동 기제를 알고 있는 부모들이 있는 반면, 하루하루 먹고사는 문제에 치여 자녀교육에 몰두할 수 없는 부모들이 있다는 점, 이 자녀들의 교육격차와 그로 인한 사회격차가 더 벌어지고 있다는 점 등등이다.

86세대 이후의 지위와 학력이 90년대 생의 자녀 세대에게 세습되는 것은 통계적으로 증명되고 있다. SKY 입학생의 75%는 소득수준 9-10분위에 해당하는 부모의 자녀들이다. 86세대까지 계층이동의 사다리 역할을 하던 교육이 그 자녀 세대에 와서는 재생산 수단이 되고있는 것이다. 〈세습중산층사회〉의 저자 조귀동에 따르면, 번듯한 직업의 경계는 소득수준 7분위이며 이 이상의 자리는 거의 '서울 주요 대학' 학생들의 차지다. 실제 '서울 주요 대학'은 고등학교 내신 또는 수능 3등급 이상(상위 23%)의 학생이 차지하게 되는데, 이 학생들 부모의 소득수준이 대략 7분위 이상일 것으로 추측되므로, 20 대 80의 사회구조 속에서 계급이 교육을 통하여 재생산되는 것은 부인할 수 없는 사실로 보인다. 한때 계층이동의 사다리 역할을 했던 교육제도는 이제 사다리를 걷어차고 오히려 입시제도를 통해 알곡과 쭉정이를 가리는 키질(winnowing)을 하고 있다고 할 수 있다. 정확히 말하면 사다리는 끊어진 것이 아니라, 부자계층의 사다리는 튼튼해졌고, 가난한 계층의 사다리가 제거된 것이다.

70년대 이후 미국의 계급구조 변화를 연구한 퍼트넘의 〈우리 아이들〉은 소득 상위, 하위 30%의 세대의 가족구조, 양육형태, 학교교육, 마을공동체 차원을 비교하고 있다. 상위층은 이혼도 많이 하지 않고, 무계획적인 임신도 하지 않으며, 자녀의 집중양육, 튼튼한 사회관계망의 지원을 받는 반면에, 하위층은 깨지기 쉬운 가족(fragile family) 구조 안에 무계획적인 임신과 반복적인 이혼과 재혼, 자연적 양육에의 의존, 사회적 자본 부족 등의 상황에 처하게 된다, 상·하위층이 다니는 학교는 서로 다르고, 각 학교는 재정투입 면에서는 크게 차이가 없지만, 부모가 동원할 수 있는 사적, 문화적 네트워크가 근본적으로 다르다. 우리나라도 미국의 계급 이동과정을 밟고 있는 것으로 보인다. 학교마다 동일한 재정투입 조건을 갖추고 있지만, 제공하는 프로그램의 수나 질은 학교마다 다르다. '정상가족'이 특권이 되고 있고, 학교폭력의 빈도와 강도도 학교 수준에 따라 다르다. '학교효과' 이전에 아이들이 학교에 가지고 오는(또는 가지고 오지 못하는) 부모의 사회경제적 조건과 사회적 자본의 동원체제가 다르다. 한국판 '콜맨 보고서'다.

밤마다 잠자기 전 아이들에게 동화책을 읽어주는 부모가 있는 반면, 아이를 집에 홀로 두고 밤샘작업을 해야 하는 부모가 있다. 유리천장을 깨기 위해서 노력하고 있는 사람이 있는 반면, 남의 유리천장을 유리바닥(glass floor)으로 디디고 서있는 사람들도 있다. 성공한 사람들의 자녀 세대가 벌이는 이른바 '영끌'의 아우성을 아프게 바라보는 사람들이 많다. 희망조차 격차가 되어서는 안 된다. 공정과 정의가 논의되는 방식을 다시 생각해야 한다.

학교의 보건 및 방역체계

개학이 4월로 연기되었다. 초유가 일상이 되었다. 날마다 초유의 사태요 초유의 경험이다. 안전이나 안정이라는 말이 오히려 비현실 적인 것 같이 느껴진다. 공고하다고 생각하던 관계도 질서도 인간관 계도 일시에 흔들린다. 학교도 마찬가지로, 아이들에게 안전한 곳이 라는 믿음도 이번 코로나19 바이러스 사태로 한 순간에 미망이 되었 다. 인류사적 대재앙에 직면한 지금 학교 안팎의 보건 및 방역체계에 대한 종합적 점검을 할 필요가 있겠다.

우선 가장 기초적인 것으로 질병과 건강관리에 대한 관념이 학교 에서 어떻게 자리 잡고 있는가를 확인할 필요가 있다. 지금까지 학교 에서 질병과 건강은 아주 소극적인 개념으로 접근되어 왔다. 학교 보 건실의 주요기능은 학교 내 교육활동 시에 발생하는 사고에 대한 신 속한 대처, 학생 개인이 보유한 질병의 교육활동 중의 사후적 영향 관리에 집중해 있어서 적극적인 의미에서의 학생건강관리나, 개인 건강의 권리 측면과 타인에 대한 의무, 질병과 감염병에 대한 사회 적, 생태학적 의미에 등에 대한 체계적, 종합적인 교육은 미흡했다고 할 수 있다.

둘째로, 학교 내 보건 인프라를 점검할 필요가 있다. 선진국과 달 리 우리는 학교 의사가 없고 아직 보건교사가 배치되지 못한 학교도 여전히 있다. 보건교사는 치료라는 개념보다는 예방이나 사고 발생 이후 대응이 주 업무이고 학생의 질병과 사고를 병원의 치료와 연결시키는 고리의 역할을 주로 하고 있다. 개인적인 질병이나 사고가 아닌 이번 코로나 19 사태와 같은 감염병의 경우에는 짧은 시간에 다수의 학생들을 측정할 수 있는 열화상 카메라는 물론 접촉, 비접촉 체온측정기나 마스크와 같은 필수적인 장비들도 태부족한 형편이다. 학교에 따라서 보건교사 혼자 1000명이 넘는 학생들을 돌보아야 할 학교도 많다.

셋째로, 학교의 감염병 대응체계가 어떻게 기능하는지 살펴볼 필요가 있다. 학교는 2018년부터 매년 감염병 예방 모의훈련을 실시하고 있지만 그 훈련의 효과성은 따져 볼 필요가 있다. 현재 교장 교감 등 학교관리자와 보건교사, 담임교사는 3년에 1회씩 감염병 예방 교육을 받도록 되어 있으나 일반교사의 경우 안전교육과는 달리 필수적인 연수/교육의 의무는 없다. 이번 사태와 같이 전국적인 상황의 감염병은 국가 위기경보 수준에 따라 관심-주의-경계-심각의 단계별로 움직이면 되지만, 학교별로 감염병이 발생하는 경우 학교 내 유증상자 또는 확진자의 수에 따라 대응1~4단계로 되어 있어서 학교구성원의 감염병에 대한 지식과 대처요령의 습득이 매우 중요하다. 감염병의 경우 발생 시 전염속도나 규모에서 파괴력은 크지만 일상적으로 자주 일어나는 사건이 아니기 때문에 발생할 경우 우왕좌왕하다가 사고를 키울 가능성이 있어 평소의 훈련체계 및 훈련과정이 매우 중요하다.

마지막으로 현재의 학교감염병 대응체계는 학교안전예방체계와 분리되어 있다. 학교안전교육과 예방체계는 지진, 화재 등 재난상황,

학교시설, 체험학습 등의 안전문제와 관련된 것이 중심으로 되어 있고, 감염병 대비와 관련된 것들은 빠져 있다. 따라서 학교안전교육체계와 감염병 예장체계의 통합관리 시스템이 필요하다. 또한 학생의 건강과 안전문제는 학교 내에 한정된 문제가 아니므로 가정과 지역사회와의 통합적 관리체계 또한 필수적이다. 현재에도 다수 발생하는 사례처럼 학교에 등교하지 않는 동안의 가정에서의 학생관리, 학원 등의 교육활동, PC방, 노래방 등의 오락 활동, 교회 등의 종교 활동, 피트니스 센터 등의 체육활동 등이 종합적으로 관리되지 않으면 효과를 극대화할 수 없다.

정말 우리는 날마다 초유의 사태를 경험하고 있다. 학교에서의 교육활동은 정말 중요하지만, 안전과 생명을 담보하지 않는 것은 무의미할 뿐이다. 이 기회에 건강은 나 혼자의 문제가 아니라 공동체 전체의 문제이며, 주기적으로 발생하는 감염병이 환경파괴와 기후변화 등의 문제에서 기인한다는 점을 배워야 한다. 세계적인 재난 앞에서 배움이 없다면 인류의 미래도 없다.

n번 방의 비밀

처음 들었을 때 '7번방의 선물' 같은 영화 이야기인줄 알았다. 1부터 시작해서 증가하는 미지수의 숫자를 상징하는 n. 사이버상의 수없이 많은 방에서 성 착취물이 제작되고 판매되고 유통된다는 것이었다. 처음에는 사례의 광범위성에 놀랐고, 보도된 바, 범죄의 잔인함과 대담성에 또 놀랐다. 얼굴이 공개된 후 또 하나의 충격은 범죄자의 어린 나이와 평범한 얼굴 때문이었다. 악의 평범성이라고나 할까 그는 악마도 아니고 괴물도 아니고 특별한 존재도 아니었다. 피해자들이나 공범들 중에 어린 학생들이 있다는 것도 충격적이었다.

우리나라의 성문화는 철저히 이중적이다. 앞으로는 쉬쉬하면서 뒤로는 무질서할 정도로 성리학이 지배하던 조선시대부터 지금까지 변하지 않았다. 성에 대한 이중성은 이중규범주의에서 비롯되었다. 이중규범주의는 겉 다르고 속 다른 윤리의식이며, 상황에 따라 다른 윤리 기준을 적용하는 한국인의 문화적 문법이다(정수복, 2007). 이중규범주의는 절대적 가치판단 기준을 보편적으로 적용하기 보다는 겉으로는 보편적 기준을 내세우고 뒤로는 개별적 사적 기준을 적용하는 문화적 풍토를 말한다.

성에 대한 이중성과 남성들의 일방적 쾌락주의는 세대를 거치면서 청소년 세대에 학습된 것으로 보인다. 잡지나 화보를 훔쳐보던 청소년들의 관음증은 인터넷상의 동영상을 시청하는 소극적 수준으로 이행되고, 일부는 음란물을 넘어 성 착취물을 제작하여 유포하는 범죄

수준으로 진행된 것으로 보인다. 이러한 현상에 대해서 어른들은 '무서운 요즘 10대'에 혀를 끌끌 차고 있지만, 청소년들은 '기성세대에 만연한 남성연대와 강간문화가 교실에서 일상화되면서 벌어진 결과'라고 주장한다(한겨레, 2020. 4.13.). 기성세대가 원인을 제공해 놓고 청소년을 나무란다고 서로 삿대질하고 있지만, 남성 중심 성문화와 여성성에 대한 일방주의는 공유하고 있다.

성교육이 학교의 공식적 교육과정에서 배제되는 동안, 그리고 성교육이 학교 교육과정 안에서 제대로 자리 잡지 못하는 동안 학교는 그리고 교실은 폭력을 내면화하는 공간이었다. 다 그렇다고 하기는 어렵지만, 일반적으로 남학생들은 성적 욕망을 분출할 수 있지만 여학생들은 숨기고 쉬쉬해야만 했다. 성에 대해 말하는 것조차 남학생들은 허용되지만 여학생들에게는 금기가 되었다. 남학생들의 짓궂은 장난은 통크게 이해되었지만 여학생들의 항의는 몰이해로 치부되고, 여교사까지 포함하여 여성의 외모에 대한 품평은 남학생들에게는 그 나이에 그럴 수도 있는 일로 관대하게 용서되었다. 여학생들 얼굴이 누드와 합성된 딥페이크가 은근히 단톡방에서 유통되고 학교의 울타리를 넘어 돌아다니다가 문제가 되는 일이 빈번하게 벌어졌다.

이러한 한국의 성문화의 이중성을 혁파할 수 있는 유일한 방법은 올바른 성교육임에도 불구하고 학교의 성교육은 체계적이기 보다는 대증적이고 분절적으로 이루어졌다. 체험활동에서 이수해야 하는 필수 단위요 통과의례였다. 2015년 교육부가 마련한 〈국가수준의 학교 성교육 표준안〉은 교육내용의 종합성에도 불구하고 생식중심, 금욕주의 강조, 성적 권리 침해, 성 차별 및 고정관념을 강화하는 수준으로 퇴보했다는 평가를 받고 중단된 상태다. 국제 인권법 사회규약권은 제13조 교육권 조항에 기반한 포괄적 성교육을 권고하고 있다. 2018 유네스코 성교육 가이드인 포괄적 성교육(CSE, Comprehensive Sexuality Education)은 아동(청소년)들이 자신의 능력을 높일 수 있는 지식, 기술, 태도, 가치를 갖추도록 섹슈얼리티에 대한 인지적, 정서적, 신체적 사회적 측면에서 배우는 커리큘럼 기반 교육과정으로, 8가지 핵심개념 중심의 분야별, 연령별, 가치별로 구성되어 있다. 사회의 만연한 성범죄와 지도적 인물들의 계속적인 성폭력 문제는 성에 대한 소극적이고 방어적인 전통적 관점으로는 해결할 수 없다. 성교육을 교육이 아니라 전쟁처럼 치러야 하는 이 나라에서 성인지 감수성과 성별 혐오를 극복하는 인권교육을 함께 다루는 포괄적인 성교육이 체계적으로 이루어져야 고질적인 이중적인 성문화를 전복시킬 수 있다.

이번 사건은 어른들이 상상할 수 없는 장소에서 상상할 수 없는 일을 하면서 아이들이 놀고 있었고, 이들과 함께 살고 있는 어른들은 뻔히 눈을 뜨고도 아무 것도 눈치조차 채지 못하고 있었다는 점에서 참담하다. 우리가 인식하는 이상으로 학교는 자본주의에 물들어 있었다. 성적 음란물을 돌려보는 수준을 훨씬 넘어 학생이 기존의 음란물을 대여, 유포하면서 비용을 청구·지불하거나, 성인들과 함께 성착취 영상물을 교환하면서 경제적 이익추구 행위를 하고 있었다. 학교는 자본주의 체제에 편입할 준비 공간이 아니라, 아이들 생활공간에서 이미 자본주의적 경제 행위의 영업장이 되어 버린 것이다. 이 사건은 또한 학교의 문화지체현상을 그대로 보여주고 있다. 어른들은 정보기술 측면에서 청소년들을 따라가지 못하고 있다. 아이들의 놀이터가 되고 있는 텔레그램이나 다크웹 등의 sns, 거래 수단이 되는 암호 화폐 등의 기술이 아이들의 삶에서 어떻게 작용하고 있는지를 전혀 이해하지 못하고 있었던 것이다.

정부는 디지털 성범죄 근절대책(2020.4.23.)을 발표하였다. 성 착취물의 제작행위에 대한 공소시효를 폐지하고 판매 행위의 형량을 확대하며, 디지털 성 범죄물을 소지하거나 구매하는 행위도 처벌하고 온라인 그루밍 처벌을 신설한다는 내용을 담고 있다. 처벌에 대한 요구는 끝이 없고 목소리는 한 없이 높지만, 사후 처벌로는 모든 문제를 해결할 수 없는 것도 사실이다. 터널 출구에서의 엄격한 검열과 처벌보다는 입구에서의 올바른 교육이 훨씬 바람직하다. 투입 비용도 훨씬 싸다.

온라인 학교 1

　미래학교의 모습으로 그려지던 온라인 학교가 예상하지 못했던 코로나의 습격으로 갑작스럽게 도입될 전망이다. 장기간의 등교부재로 인한 학습결손을 보충하는 의미에서 온라인 학교의 도입은 시급한 과제라고 할 수 있으나, 온라인 학교의 도입과 관련하여 현 시점에서 두 가지 논점이 쟁점이다. 하나는 짧은 시간 안에 어떻게 온라인 학교를 효율적으로 구축할 수 있는가 하는 것이고, 또 하나는 온라인 학교가 학교를 정말 대체할 수 있는가, 준비도 없이 도입되는 부작용을 걱정하는 입장이다. 단순한 것 같지만 이 두 입장은 교육의 목적 또는 기능에 대한 근본적 가정을 달리 하고 있다. 전자는 교육의 기능적 관점의 입장에서, 후자는 교육의 규범적 입장을 강조한다는 점에서 차이가 있다.

　교육이란 무엇인가? 기능적인 관점에서 볼 때 교육은 지식과 기술의 학습과 사회적응이다. 따라서 학습과 적응이 일어날 수 있다면 적응이 일어나는 장소는 구태여 오프라인이든지 온라인이든지 관계가 없으며 오히려 ICT 기술의 발전에 따라 전국에 수만 개의 학교에서 이루어지는 관료적이고 비생산적이고 게으른 학습체제를 적은 비용에 고효율적으로 대체할 수 있다고 주장한다. 이미 부분적으로는 EBS가 대한민국 온라인 학교의 기능을 대행하고 있다(EBS와 수능의 70%연계 출제로 고등학교 3학년 수업은 EBS에 종속되어 있다고도 할 수 있다). 교과서 출판사도 이미 자기 교과서를 공부할 수 있는

온라인 시스템을 준비하고 있고, 남의 나라의 예를 들 것도 없이 우리나라에서도 학교 학습을 대신하는 온라인 교육 스타트업이 영업을 하고 있다.

교육이란 무엇이어야 하는가? 교육은 인지적 학습 또는 성장 이상의 것으로 인성, 창의성, 시민성 등의 전인적 관점에서 보아야 하며 지금의 '밖'에서 '안'으로 주입하는 식의 교육이 아니라 아이들의 '안'에 있는 가능성들이 밖에서 실현되어야 하는 방식으로 혁신되어야 한다. 교과의 형태로 변환된 과거의 문화가 전달(transmission)되는 형식의 지금까지의 교육방식에서 탈피하여 특정할 수 없는 미래를 준비(preparation)하는 방식으로 교육이 전환되어야 하는데 온라인 학습이 이를 감당할 수 없으며, 기존의 인강을 강화하여 학교교육을 왜곡할 수 있다고 보는 것이다.

두 가지 입장은 다 옳다. 하나는 현실이 그래서이고 또 하나는 그리로 나아갈 방향이기 때문이다. 새로운 바이러스가 엄습해 이미 우리 일상의 바로 옆에 앉아 있고 아이들은 학교에 나갈 수 없고 학교는 마냥 닫힌 상태로 지속될 수 없는 현실에서, 교육의 본질을 잃지 않으면서 당면문제를 해결할 수 있는가가 논쟁의 핵심이 되어야 한다는 생각이다. 디지털이 아날로그를 완전히 대체할 수 없지만, 디지털 혁명시대에 디지털 기술의 효과적인 방법과 결과를 외면해서도 안 된다. 오히려 새로운 기술을 교육에 접목시키고 학교구성원들이 새로운 기술을 적극적으로 학습하고 적용하려는 노력을 경주해야 한다. 논쟁보다는 문제해결을 위한 단기적, 장기적 과제로 접근되어야

한다.

  당장의 문제는 학교를 어떻게 온라인 체제로 전환할 수 있는가 하는 것이다. 국가도 단위학교도 기술발전에 따른 온라인 학교에 대한 준비가 전혀 없었다. 학교마다 독립된 단위의 온라인 플랫폼이나 온라인 스튜디오나 수업을 찍고 송출할 수 있는 시스템도 없는 것이 현실이다. 집집마다 온라인 수신체제가 되어 있는지도 점검해야 될 사항이다. 온라인 학교 문제는 엉뚱하게도 계층간, 도농간, 학교별, 학교급별로 교육조건의 격차를 드러낼 수도 있다. 교육부가 온라인 학교를 서두르는 이유가 입시일정에 맞추기 위해서라면, 적어도 입시에 대한 사회의 압력에 대한 순응이라면 우리 학교체제의 입시 종속성에 대한 근본적인 검토도 필요하다. 시도교육청별로 온라인체제를 구축하기에 야단이지만 접속량의 폭주로 벌써 서버가 다운되는 등 문제가 발생한다. 잘못하면 전국의 모든 학교가 EBS의 분교가 될지도 모른다. 예기치 않은 코로나 바이러스로 인해 우리 교육의 민낯이 한꺼번에 드러나는 형국이다. 우리는 현실의 수렁에 빠져 있고 아직 미래의 얼굴을 본 사람은 없다. 그래도 아이들의 삶을 준비한다면 미래의 얼굴을 보기 위해 한 걸음씩 길을 나서야 한다.

온라인 학교 2

코로나 19가 사회 각 영역에 쓰나미를 몰고 오고 있다. 금융과 실물경제를 넘어 일자리 등 생존권과 삶의 미시적 영역에서의 사회적 약자의 인권까지 경계를 무너뜨리고 있다. 교육 분야도 마찬가지로 '빨리 온 미래'에 불의의 일격을 맞고 있다. 장기적이고 기약 없는 개학 연기로 인한 온라인 학교 구축문제로 전국이 난리이다. 모든 재난이 그렇듯 예고 없이 닥친 코로나 19의 파급 범위나 기간을 예측할 수 없었던 탓으로 교육당국이나 단위 학교는 장기적인 등교부재 상황을 예상하고 있지 못하다가 허둥지둥 갑작스럽게 온라인 학교(원격교육)를 준비하고 있다.

단기간에 급박하게 추진하는 온라인 학교구축의 문제점은 크게 단위학교 교사의 디지털 수업역량과 준비상황, 하드웨어적 차원의 온라인 플랫폼 구축과 네트워크, 학습자인 학생들의 온라인수신체계의 현실과 점검이라는 세 가지 측면에서 점검되어야 한다.

ICT의 발달로 교사들의 디지털 기술과 리터러시는 많이 향상된 것으로 판단한다. 이미 칠판 중심의 수업에서 많이 벗어나 있고 평소에도 거꾸로 수업 등 ICT 활용수업이 자주 있어 동영상 제작 등에서는 크게 어려움이 없을 것으로 예상되지만, 동영상을 활용한 교실 수업과 온라인 수업과는 큰 차이가 있기 때문에 수업 촬영, 플랫폼 탑재, 쌍방향 소통, 인강과는 차별화되는 온라인 안에서의 다양한 수업방식의 구현, 청장년 교사간의 디지털 능력 차이의 보정 등의 여러 가지 문제점들을 보완할 대책들이 필요하다. 경기도교육청의 경우, 원격교육 선도학교를 지정하고, 학교별로 원격교육 대표교원을 선정하여 '전국 1만 커뮤니티'에서 논의된 온라인 연수를 전달하고 교내 원격교육을 주도할 수 있는 체제를 만들고 있다. 또한 구글 행아웃 및 미트, Zoom, MS 팀즈, 시스코 Webex, 카카오라이브톡 등을 활용하는 교원 스마트교육 역량강화 직무연수를 조직하여 교원들의 디지털 수업역량 강화를 위해 노력하고 있다. 노력하고는 있으나 단기간에, 갑작스럽게, 그것도 온라인으로 이루어지는 교육이 의도한 만큼의 성과를 거둘지는 알 수 없다. 준비하는 과정의 단기간의 혼란은 불가피할 전망이다.

더 중요한 문제는 하드웨어 또는 플랫폼의 문제라고 할 수 있다. 원활한 온라인 수업을 위해서는 필요한 PC와 수업 운영 프로그램 서버 확충 등 물리적인 환경이 정비가 시급하다. 수업분석실을 따로 두어 수업을 촬영할 수 있는 별도의 공간과 설비를 갖춘 일부 학교를 제외하고는 대부분의 학교는 별도의 수업 촬영공간이나 촬영 설비가 부족한 형편이다. 교실에서 수업을 촬영해도 이것들을 탑재할 수 있는 단위학교 온라인 플랫폼이 따로 없다. 교육부가 운영하는 〈학교 온溫〉도, e학습터도 실질적으로 학교에서 교사가 활용하는 데에 있어서 한계가 있다. 결국은 현재 EBS가 활용하기에 가장 편리하고 확실한 플랫폼이다. 이미 EBS 온라인 클래스는 전국적인 폭주적인 접속으로 터지기를 반복하고 있다. 수업영상 생산이나 플랫폼의 현실에 비추어 볼 때 온라인 개학을 하게 되면 온라인 개학의 시기가 얼마나 연장될지는 알 수 없지만, 결국 적어도 당분간은 학교마다 EBS 온라인 강의에 링크 될 수밖에 없는 상황이다. 학교 자체의 온라인 수업은 진행되겠지만 충분히 활성화되기까지는 시간이 많이 걸릴 것 같다. 감염병 상황이 일찍 종식된다면 온라인 수업을 위해 현재 지원되는 예산은 소모적이거나 이중경비가 될 가능성도 있다. EBS의 기능과 용량이 얼마나 가능할지 모르겠지만 다시 한 번 공교육이 민간기업에 의존하는 상황이 올 수도 있다. 현재 여러 학교에서 구글 클래스룸이 압도적으로 가장 많이 상용되는 플랫폼인데, 사기업에 대한 지나친 의존은 교사들이 학습 자료 및 수업 영상에 대한 저작권, 초상권 문제, 상업적 도용 문제 등의 법적 문제를 초래할 수도 있고, 오프라인에서의 사교육이 온라인에서의 사교육으로 변질될 가능성도 충분히 있다. 이참에 잠정적이고 일시적인 것이 아니라, 미래교육의 형태로 온라인 학습에 대한 체계적인 설계라는 차원에서 이 바이러스 사태가 종식되더라도 지속가능하게 활용할 수 있는 온라인 학습체제를 구축하는 것이 중요하다.

학생들이 집안에서 학교에서 준비할 수 있는 수업을 잘 전달받을 수 있는 수신체계의 점검도 필요하다. 집집마다 수신할 수 있는 PC는 확보하고 있는지, 와이파이는 제대로 작동하고 있는지, 자유분방한 아이들을 컴퓨터 앞에 붙들어 둘 수 있는 유인체제는 확실한지, 아이들의 수업을 도와줄 수 있는 학부모들의 준비 정도는 어떠한지, 이것들이 충분히 갖추어지지 않았다면 이를 지원할 수 있는 중앙정부와 지방정부의 지원 방법은 무엇이 되어야 하는지도 점검해야 한다. 학습여건의 격차가 교육격차로 이어지지 않도록 세심하게 살펴보아야 한다.

아이들이 없는 학교에서 자태를 자랑할 틈도 없이 홀로 피다 지는 개나리와 벚꽃과 목련도 코로나 바이러스의 추이를 지켜보고 있다. 한국교육의 앞날을 코로나 바이러스에게 물어봐야 하는 시국이다.

2 부

—

교사와 혁신

성장하는 사람이라야 교사가 될 수 있다. 어렸을 때 아이들이 눈 뜨면 밤사이에 얼마나 자랐을까 궁금해하며 키 재는 곳으로 달려가듯이 어른들, 특히 교사들은 자주 자신의 키를 재보아야 한다. 신체적 키뿐만 아니라 자신의 사람됨 전체의 크기를 재보아야 한다. 경험에만 의지하고 자기만족에 빠지면 성장이 멈춘다. 성장하기 위해서는 자기 틀을 깨야 한다, 나는 사물과 사람과 현상을 어떤 틀로 보고 있는가, 자신의 프레임을 점검해야 한다. 같은 문제라도 '접근' 프레임을 가지고 있으면 기회가 되지만 '회피' 프레임을 가지고 있으면 위험이 되기도 한다.

1장

◇◇◇◇◇◇◇◇◇◇◇◇◇◇◇◇◇◇◇◇◇◇◇◇◇◇◇◇◇

교사의 삶

교사의 길을 묻는다

　지난주에는 난데없이 지방의 한 초등학교 학생의 숙제 문제로 온 나라가 시끄러웠다. 속옷 빨래 인증사진을 올리라는 이른바 효행학습 사건으로 숙제의 적절성을 넘어 교사의 성희롱 멘트가 더 논란이 되었고 교사의 성인지 감수성까지 시비의 대상이 되었다. 보도 내용이 사실이라면 숙제의 점검 과정에서 교사가 보여준 발언과 태도는 학부모와 네티즌들이 분노하기에 충분한 사유가 될 것 같다. 무엇보다도 학생을 짐승으로, 자신을 사육하는 짐승주로 표현한 것은 교사라고 믿기에는 경악할 만한 인식 수준을 보여준다. 엄숙주의, 보수주의, 모험 회피적인 교직의 일반적인 문화에 비추어 보면, 출판, 출강,

블로그와 유튜브 운영을 하는 등 보통의 교사와는 달리 상당히 과시적이고 명리名利에 밝은 특이한 인물인 것으로 보인다.

　교육의 이상과 혁신이 결국에는 교사 수준에 의해 이루어지기 때문에 교육에서 교사 역할의 중요성은 누구도 부인할 수 없다. 그러나 사회에서 이런 사람 저런 사람이 있듯이 교직에도 이런 교사 저런 교사가 있기 마련이다. 범주의 지나친 단순화를 무릅쓰면 교사집단은 혁신형(성장형), 직업형(관리형), 냉담형(오락형)으로 분류할 수 있을 것 같다(한 교사가 반드시 하나의 유형에 속하는 것은 아니다). 혁신형 교사가 자신에게 부과된 임무 이상의 교육의 진보에 노력하는 사람들이라면, 직업형 교사는 법과 규정에 지정된 교사의 역할에 충실한 교사들이다. 학교가 이런 두 유형의 교사들로 구성되어 있다면 교육의 문제는 발생하지 않을 것으로 생각되지만, 어느 직업에서와 마찬가지로 교직에도 냉담형의 인간들이 있다. 이들은 학교 일에는 최소한으로 개입하고 시간적 경제적 여유를 개인적 관심사 이익과 오락에 몰입한다. 모든 학교마다 비율이 다를 뿐 이러한 유형의 교사들이 섞여 있기 마련이어서 교육의 개혁은 결국 직업형, 냉담형 교사들을 어떻게, 얼마나 많이 혁신형 교사들로 전환하여 편입시키는가에 달려 있다고 할 수 있다. 교육민주화 이후 많은 혁신형 교사들이 교육행정과 제도개혁의 전선으로 이동해 갔지만, 강호에는 아직 학교개혁과 수업혁신을 위해 어두운 곳에 숨어 이름 없이 빛도 없이 수고하는 수많은 '선수'들이 있다.

　이 '선수'들의 분투는 영화 속에서 확인할 수 있다. 영화는 헌신적이고 혁신적이고 영웅적인 교사를 주인공으로 삼고 있지만, 이와 대비적으로 권위주의적이고 현실 안주에 급급한 점잖은 자리에 앉아 있는 찌질한 교사와 교장들의 모습과 교육체제의 모순을 함께 배경으로 보여준다. 극적 요소가 강한 스포츠나 음악 분야의 교육영화로는, 〈코치 카터(2005)〉, 〈리멤버 타이탄(2001)〉, 〈코러스(2004)〉, 〈홀랜드 오퍼스(1996)〉, 〈스쿨 오브 락(2003)〉, 〈페임(2009)〉, 〈라 멜로디(2018)〉 등이 있다. 〈코치 카터(2005)〉는 농구 코치로, 분노 가득한 거리의 아이들로 조직된 농구팀을 지도하기에 앞서, 선수는 선수 이전에 학생임을 강조하면서 학업을 병행하도록 요구하고 이를 방해하는 학교 제도와 교장, 교사, 학부모들과 싸우면서 맡은 농구팀을 전국적인 명문 팀으로 이끄는 강력한 리더십의 이야기이다. 〈스쿨 오브 락(2003)〉은 명문 사립초등학교에 친구를 속이고 들어간 가짜 교사 듀이의 학교 락 밴드 이야기로, 기존학교의 상식과 규율과 성적 지상주의에 물든 학교체제의 모순을 고발하는 도발적 영화다. 저항의 음악을 통해서 학교규율과 등수 경쟁에 저항하고 해방감을 갖게 함으로써 학생들이 가지고 있는 여러 문제를 해결한다. 락 음악에 미친 가짜 선생의 이야기로 학부모로부터 받는 압박감과 교사들과의 교제 및 소통부재로 고립된 교장의 민낯을 코믹하게 보여주기도 한다.

〈프리덤 라이터스(2007)〉와 〈리멤버 타이탄(2001)〉, 〈위험한 아이들(1995)〉은 인종문제와 흑인 학생의 학습권 등 현실적인 문제와 맞서 싸운 교사의 영웅적 서사다. 윌슨고등학교에 새로 온 그루웰 선생님은 일기 쓰기를 기본적 도구로 흑인 학생을 지도하면서 부딪치는 예상치 않은 상황을 돌파한다. 인종간의 적대와 빈곤, 폭력, 방임 등 현실적 절망을 딛고, 포기의 교실을 살아있는 교실로 만들어 빈민학교에서 인종 화합과 교육 개선을 위해 헌신하는 '변화를 위한 교육' 이야기다. 〈리멤버 타이탄(2001)〉은 풋볼코치인 분과 요스트가 인종통합정책에 의해서 통합된 고등학교의 통합 풋볼 팀 타이탄에서 수석코치와 수비코치로 일하면서 흑백 학생간의 갈등 관리와 풋볼 지도 방법에 대한 코치간의 갈등과 해결방법을 제시한 영화이다. 흑인 학생들이 살아가기 위해서는 일정 수준의 학업성취가 필요함을 강조하면서 운동만이 아니라 학업성취에 대한 관심과 격려를 하면서 진행되고, 동료 간의 파트너십을 특히 강조한다.

교육에 대한 근본적 질문을 던지는 영화도 있다. 너무나 유명한 〈죽은 시인의 사회(1989)〉의 키팅 선생님은 명문 웰튼 아카데미의 살인적인 규율과 주입식 입시 교육에 저항하며 카르페 디엠을 외치고 전통과 기성 체제에서 벗어나 독특하게 삶의 의미를 추구하라고 강조한다. 책을 찢으라, 이론이 아니라 마음과 영혼을 중시하라, 자기 목소리로 살아라. 아이들은 책상에 올라가 '캡틴, 마이 캡틴'을 외치며 결국 쫓겨나는 선생님에게 최고의 경의를 표한다. 〈패치 아담스(1999)〉는 한 의대생이 거대한 의학교육체제와 싸우는 이야기이다. 의사는 병을 치료하는 것이 아니라 사람을 치료해야 한다고 하면서, 의학은 죽음과 싸우는 것이 아니라 삶의 질을 향상시키는 것이다, 병과 싸우려면 가장 지독한 병 즉 무관심과 싸워야 한다고 주장하며, 퇴학의 위기를 극복하고 자신의 신념대로 공부하고 병원을 운영해나가는 의사 이야기이다. 〈페임(2009)〉은 예술적 명성을 추구하는 뉴욕의 한 예술고등학교의 이야기로, 교실의 일상을 통해서 가장 보통적인 교사들의 이야기들을 볼 수 있다. 발레 단원이 되고자 열심히 노력했던 사랑하는 학생의 추천서를 끝내 거절하는 발레 교사 크라프트는 엄격한 평가를 통해 학생의 진로를 잡아주는 냉철한 평가자와 교육자의 모습을 보여준다. 음악교사 도우드는 음악 활동에 앞서 사물과 현상의 객관적으로 관찰하고 기록하게 하면서 삶과 예술의 관계를 이해하도록 한다. 저항적인 음악(랩)을 하는 학생 말릭에게 미움의 대상인 아버지의 존재를 인정하고 현실을 회피하지 말고 직면하도록 권고한다. 교사는 단순한 교과 담당이 아니라 삶의 스승이어야 한다는 것을 몸소 보여주는 것이다. 〈라자르 선생님 (2011)〉은 교사의 자살로 공석이 된 자리에 들어온 무자격 교사이다. 교실에서 일어난 담임교사의 자살 사건으로 인한 슬픔을 모두 회피하려 하지만 라자르는 아이들로 하여금 죽음을 직면하게 하고 아이들의 마음과 갈등관계를 세밀히 살피며 슬픔을 치료한다. 극적인 요소 없이 담담히 교실에서 아이들의 마음속에 일어나는 감정을 읽고 변화를 이끌어내는 조용한 영화이다. 〈디태치먼트(2014)〉는 문제 학교의 임시 교사 헨리 바스를 통하여, 무너지고 있는 학교문제 해결에 적극 참여하지 않고 모두가 적당한 거리를 유지하며 방관하고 있는 냉담형의 교사들과 문제 원인과 처방을 잘못하고 있는 교장과 행정 당국의 현실을 고발한다. 학교를 바꾸기 위해서는 그리고 아이들에게 세상 사는 이치를 알려주기 위해서는 아이들의 이야기를 들어야 하는데, 복도를 걷거나 수업을 들을 때 마음의 무게를 느낀 적 있는가 하는 헨리의 물음은 아이들에 대한 질문일 뿐만이 아니라 교사 스스로 묻는 질문으로 보인다. 문제 자체가 아니라 문제 너머를 봐야 하는데 현실에서 한 발 빼고 거리두기(detachment)를 유지하려는 학교의 문제점을 철학적으로 사유한다.

감동을 주는 영화는, 교육의 개선을 위한 정확한 현실 인식, 모순에 맞설 수 있는 용기, 불리한 상황을 이끄는 리더십, 삶과 교육의 밀착성에 대한 깨달음, 주변의 압박에도 흔들리지 않는 냉정한 평가와 삶의 방향을 알려주는 적절한 진로지도, 교사 간의 동료성과 협업 등을 행하는 교사들뿐 아니라 권위주의와 관료주의 틀 안에 갇혀서 무엇이 문제인지, 세상이 어떻게 변하는지 모른 채 여전히 성적 지상주의와 입시에 매달리고 있는 한심하고 찌질한 교장과 교사들의 모습을 동시에 보여준다. 불확실성의 현실에 갇혀서 방향을 잃은 무기력한 우리의 모습이기도 하다. 감동적인 영화의 공통점은 교육의 문제가 불신하는 아이들이 아니라 불신당하는 제도와 교사 속에 있다는 것을 보여준다. 우리 현실 교육 사회도 마찬가지 아닐까?

남의 입에 오르내리고 비난의 대상이 되는 교사들의 문제 행동은 교육의 혁신을 방해하는 요소이다. 그러나 더 심각한 교육문제는 팔짱을 끼고 내 일이 아닌 것처럼 방관하고 있는 냉담형 교사들의 차가운 무관심이라고 할 수 있다. 유례없는 감염병의 대유행으로 마음이 무겁고 모두가 유폐된 시절에 이런 한심한 뉴스를 들어야 하는 국민들께, 그럼에도 불구하고 영화의 영웅적인 교사 못지않게 가까운 우리나라, 우리 주변에도 교육과 교실 개선을 위해 쉬지 않고 고민하고 교사의 길을 찾기 위해 끊임없이 노력하는 교사들이 많이 있다는 것을 상기해 드리고 싶다.

교사의 품격

스승의 날이다. 교사를 두고 스승론과 노동자론이 첨예하게 맞선 적이 있었다. 당시 언론과 정부, 일부 교원단체는 스승의 이미지를 앞세워 교직원노동조합 창립을 저지하려고 하였으나, 그들이 교사 예우와 교권보호에 앞장서 교사를 스승으로 받든 적은 없었던 것 같다. 교직의 홀대를 넘어 오히려 권위주의 정부의 말단 기관처럼 지배하던 시절이었다. 스스로 스승이라고 생각하고 교단에 서는 사람이 지금도 있을까 싶기는 하지만, 그래도 '스승의 날'을 특별히 기념해 주는 우리의 문화적 풍토는 교사로서의 공적 의무와 자세를 점검해 볼 수 있는 좋은 기회를 제공한다고 할 수 있다.

교직에서 오래 있다 보니 교사가 된 옛 학생들을 만난다. 종종 그들을 만나는 일은 먼저 선생된 자로서의 과거와 현재의 내 교직의 모습을 들여다보는 것이어서 참 민망한 일이다. 가르친 학생 중에 올해 처음 발령 받아 교사가 된 이가 있다. 임용고사에서 최종합격을 하고 전화했을 때 함께 기뻐하면서도 축하의 말보다 교직의 고단함에 대해서 말을 한 적이 있다. 입직 전의 기대와는 달리, 교실의 삶은 고달플 것이고 급여는 생각보다 적을 것이며, 학부모는 지지자이기에 앞서 민원인이며, 아이들은 끊임없이 문제와 고민을 던져줄 것이고 무엇보다 날마다 처리해야 하는 과업이라는 것이 극적 도전감이라고는 전혀 없는 고만고만한 지루한 일상 업무라는 것을.

교직은 오래 해도 관록이라는 것이 잘 붙지 않는다. 드라마에서 박

근형이나 김혜자 같은 분들을 보면 오랜 연기생활의 경력과 품격이라는 것이 묻어나는데 내 경우를 보면 날마다 새 경험이라 발언도 행동도 수업도 늘 어설프고 생경하기까지 하다. 교육사회학자 로티(Lortie)의 말처럼, 교직의 구조는 달걀 꾸러미와 비슷하여 신규교사나 30년 이상 된 경력 교사나 꾸러미 안의 달걀처럼 각자 교실 안에서 하는 일은 비슷하다. 일반 직장에서 업무의 난이도에 따라 신참과 구참이 경력이나 계급별로 일을 분담하는 것과는 달리, 수평조직에서 일하는 교사들은 경력에 상관없이 각자의 교실에서 똑같은 무게의 수업을 일상적으로 감당해야 한다. 교사 자격증은 출신대학에서 받지만, 실제로는 노량진 학원에서 임용 합격증을 받는 현재의 우리나라의 교사 임용 구조 안에서 직전교육이나 현직교육 모두 체계적이고 깊이 있는 교직 사회화의 기회를 부여하지 못한다. 구조적 측면이나 내용적 측면에서 교사공동체가 공유할 수 있는, 경험적으로 기반이 확실한 교수법의 실제와 원리를 경험하지 못하는 것이다. 교직은 이러한 빈약한 공식적 사회화의 결과, 교사 개인은 학생 시절의 과거 모델로부터 배우거나, 첫 발령 받은 학교에서 개별적인 노력과 경험을 통하여 스스로 알아서 교사가 된다. 이런 교직의 개인주의적 훈련의 결과는 교직의 전문적 지식·기술체계를 형성하는데 도움이 되지 못하고, 결과적으로 의사나 법조계와는 달리 직업의 전문직화를 방해하여 교직의 개인주의와 분절적 교실주의를 강화하는 요소가 된다. 최근에 교직의 공공성을 강화하면서 공식적 교직 연수체계를 정비하고 있기는 하지만, 교직의 기본적 성격을 근본적으로 바꾸었다고는 할 수 없다.

교직의 실제는 영웅적인 교사의 분투를 다루는 영화와는 다르다. 교실의 삶은 일상성의 테두리에 있다. 출근하고 수업준비하고 수업하고 행정 업무하고 아이들의 분쟁에도 개입하다가 시간이 되면 퇴근하는 것이 교사의 일상성이다. 일상은 특별한 일 없이 똑같은 생활이 반복되는 당연과 물론의 세계로, 누구에게나 편하고 좋으며 따라서 아무도 이의를 제기하지 않는 세계이다. 그러나 명배우들이 단조로운 일상에 머물지 않듯 교사도 루틴에 길들여져서는 안 된다. 바람 불듯 일어나는 작은 기미에도 교사는 민감해야 한다. 교실에 일어나는 소소한 일에 무심하지 말라. 교실에서, 아이들의 삶에서 무언가 계속 일어나는데도 눈치 채지 못하는 둔감한 선생이 되지 말라. 눈을 크게 뜨고 학교의 변화와 혁신을 위해 홀로 분투하는 동료를 찾으라, 그게 청소원이든 교사든 교장이든 나이, 성별에 관계없이 찾아서 친구로 삼으라. 동료를 통한 배움만이 교사의 키를 자라게 하리라. 불모지라도 그런 분들은 항상 있기 마련이다.

교사는 권력과 부나 인기가 아니라 목적의 왕국을 추구해야 한다. 목적의 왕국은 눈 뜬 사람들에게만 보이는 것이고, 눈은 교사들에 의해서 떠지는 것이다. '파랑색은 자전거를 탈 때 네 얼굴을 스치는 바람과 같은 거야'하는 눈 먼 아이들의 목소리를 들을 수 있는 귀를 가진 교사만이 아이들의 마음속에 숨어 있는 것들을 끄집어 낼 수 있다(영화 〈천국의 속삭임〉을 보라). "죄와 악을 행하는 자는 대체로 운이 좋지만, 선을 행하다 보면 언제나 함정에 빠지게 된다."는 〈눈 먼 자들의 도시〉에서 사라마구가 한 말을 약간 비틀어 말하면, 아이들의 문제와 행복을 쫓아다니는 교사는 늘 수렁과 늪에 빠질 수밖에 없을 것이다만, 그렇다고 게으름과 안일에 빠진 교사들의 운 좋음을 부러워하지 말라. 교사에게 가장 치명적인 것은 무심과 냉담, 또는 거리두기이다. 일상에 빠지지 말고 일상 속에서 일상을 개혁하라. 그렇다고 영웅적인 행동을 모험할 필요는 없다. 스승이 되지 말라. 스승은 내가 아니라 아이들의 마음속에 있는 이름이다. 캡틴이 되려고 하지 말라. 스스로 참되면 "캡틴, 마이 캡틴"을 외치는 아이들이 곁에 있을 것이다. 아이들의 그늘이 될 만큼 충분히 자란 40년 전에 심은 느티나무 아래서, 교사로서 이제 막 첫발을 뗀 박 선생이 좋은 교사로 성장하는 것을 지켜보는 즐거움으로 살겠다. 아이들 옆에서 아이들과 함께 성장할 때만이 교사는 당산나무 느티나무의 위엄과 품격을 갖출 수 있다.

굴종의 삶을 떨치고

80년대까지 교직의 중심적인 정서는 억압과 굴종이었다. 나치즘 이후 최고의 파시즘 체제라고 평가받는 박정희·전두환 시대는 사회와 함께 교육을 병영식으로 통치하였다. 교육부-교육청-교장으로 이어지는 국가명령체제가 구축되었고 교사는 '교장의 명'을 받아 교육하는 교육행정의 말단이었다. 교육의 핵심이라고 할 수 있는 국가교육과정은 교육행정의 전유물로 교사의 참여도, 교사에 의한 교육과정의 재구성도 법률에 의하여 금지되었다. 군사 과목과 이데올로기(비판) 교육이 도입되었고 학도호국단 같은 준군사조직이 편성되었다. 교사들은 유신과 정권 홍보를 위해 동원되었다. 교사들은 날마다 출근부에 도장을 찍고 아침마다 직원조회에 참여하여 대통령 지시사항과 정부시책을 받아 적어 교실의 학생에게 퍼 날라야 했으며, 교수학습과정 지도안은 정기적으로 점검을 받아야 했고 심지어 교사의 수첩도 때로는 점검의 대상이 되었다. 등교하는 아침마다 학생들의 두발과 복장은 점검되었고, 어기는 학생들은 군대식의 제재를 받아야 했으며, 이렇게 교사와 학생 모두에게 강요된 강압적 권위주의적 행정체계와 훈육체계는 공식적인 학교문화가 되었다. 교사와 교육의 자율권이라는 말은 현실에서 존재하지 않았다. 87년 6월 시민혁명과 함께 시대와 정권에 반기를 들고 억압에 맞선 교사들은 '굴종의 삶을 떨쳐 반교육의 벽 부수고 침묵의 교단을 딛고서' 교원노동조합을 설립하여 일어섰다. 〈참교육의 함성으로〉의 첫 구절에 삽입된 교사들의 각오는 성적 지상주의와 입시교육, 권위주의로 대표되는 교육체계에 저항하였고, 무기력과 안일주의라는 교사문화를 개선하였으며, 교직과 공직에 일상화된 촌지문화를 혁파하였다. 교육민주화의 제단에 1527명의 해직교사와 십 수 명의 해직 사망자가 희생 제물로 받쳐졌다. 시인 이광웅의 절규처럼 '이 땅에서/ 좋은 선생이 되려거든 / 목숨을 걸고 교단에 서야(〈목숨을 걸고〉)' 했던 시절이었다.

2000년대를 전후로 하여 불안의 광풍이 교육계에 휘몰아쳐 왔다. 겉으로 드러난 원인은 권위주의 체제의 몰락 후유증과 IMF 사태, 그리고 세기말적 현상이었다. 이른바 학교붕괴현상이다. 아이들은 대놓고 교실에서 잠을 잤고, 수업시간에도 제 자리에 앉아 있지 않고 돌아다녔으며, 교사들의 지도에도 거리낌 없이 "왜요?" 하고 덤비는 아이들이 늘어났다. 교사와 학생의 교육적 관계는 단절되었고 번아웃되는 교사들과 이로 인해 정신과 치료를 받는 교사들이 늘어났다. 이런 드러난 현상의 기저에는 5·31교육개혁이 있었다. 획기적인 조치들이 포함된 이 개혁안은 해방 이후 최대의 개혁안으로 긍정적 평가도 받았지만 한마디로 자본의 신자유주의적 교육재편이라고 할 수 있다. 현실사회주의 체제가 몰락하면서 전일적 세계지배를 확보한 자본주의는 지속적인 자본축적을 강화하고 필요한 인력을 확보하기 위한 교육재편을 시도하였고, 이러한 세계적인 동향과 함께 권위주의 체제에서 양성된 인력들이 세계화, 정보화된 세계에서 기능하지 못하는 교육의 후진성을 노출하면서 우리나라에서도 국가와 자본의 상호 필요성에 따라 교육재편을 추진한 것이 5·31교육개혁이었던 것이다. 결과적으로 교육의 언어는 시장의 언어로 대체되었다. 교사와 학생·학부모의 관계는 공급자와 수요자가 되었고 교육은 서비스로서 선택권과 바우처를 통해 거래할 수 있게 되었다. 교사의 정년은 과감히 잘라졌고 비정규직(기간제) 교사의 숫자가 거침없이 늘었으며, 성과급을 도입하여 교사들을 경쟁체제로 몰아넣었다. 자리를 잡아가던 평준화 정책을 깨고 고교 다양화 정책이라는 이름으로 자사고, 자공고, 영재고와 같은 인재선별정책을 추진했고 차별주의적 교육관을 가진 언론과 일부 학부모들은 환호했다. 시장자본주의에 맞지 않는 국정 국사 교과서 사건 같은 이념교육이 돌출적으로 시도되기도 하였다. 교사들은 약간의 교육적 자율성을 얻었으나 고용 불안과 학생 지도의 불안, 정체성의 혼란과 화난 소비자 학부모들의 민원에 시달리며 불안에 떠는 처지가 되었다.

광포한 국가주의교육과 냉철한 시장주의교육의 파고를 넘어 온 우리 교육계에는 현재 대표적인 지배 정서로 불신이 자리 잡고 있다. 언론과 야권은 교원노조의 정치성과 선명성을 끊임없이 흔들었고, 4·19 이후 여러 차례 실패한 끝에 어렵게 획득한 교원노조의 합법성은 팩스 한 장에 날아갔다. 한 편으로는 교육부재와 혼란의 시대에 참교육은 어디 갔느냐는 교사 집단의 역할 부재에 대한 국민들의 강력한 비판도 동시에 존재한다. 교원들의 선도적 정치투쟁에 대한 기우와 견제뿐만 아니라, 실질적인 교육내용의 민주화 요구가 동시에 존재하고 있는 것이다. 학교교육과정이 4차 산업혁명의 시대에 적합한가, 우리 학교는 변화하는 대학입시에 적절하게 대응하고 있는가,

교사들은 왜 수요자인 학부모에게 이렇게 불친절하고 거만한가 등등 불신의 대상과 범위는 교육의 모든 영역에 널리 퍼지고 있다. 한 때 국가발전의 배경으로 칭송받던 우리 교육이 불신의 대상이 된 이유는 무엇일까? 민주화로 인한 학부모의 권리의식과 소비 주권자로서의 선택권 강화, 시대 변화에 대한 교육계의 비탄력적인 둔감성, 태권도 학원부터 각종 학원까지 친절하고 치밀한 교육 서비스에 익숙해진 소비자인 학부모들이 느끼는 학교와 교사의 불친절성, 전문가 권위 위기 시대에 〈브리꼴레르〉가 되지 못하는 교사의 게으름까지 열거되는 이유는 참으로 많기도 하다.

그러나 알고 보면 교사들은 학교붕괴시대를 넘어 우리 교육의 새로운 진로를 치열하게 고민해 왔다. 이러한 모색의 결과가 진보 교육감의 등장과 함께 2009년부터 시작되어 경기도를 넘어 전국으로 퍼지고 있는 혁신교육이다. 사람을 가르치는 일은 늘 아프고 힘들다. 교사들의 마음은 쓰레기통이 되어가고 닳고 닳아 너덜너덜 해지고 있다. 2020년 5월 20일, 대법원은 전교조의 노조 무력화의 적법성에 대한 공개변론을 시작했다. 국가의 불법행위가 바로 잡히기를 기대한다. 억압과 굴종과 불안을 넘어 교사의 자존감과 자부심을 지켜주고, 불신을 거두어 교사에 대한 신뢰 유지와 협력 방법을 모색하는 것이야말로 우리 교육과 내 아이를 살리는 길이다.

선생님들이 아프다

선생님들이 아프다. 아프다고 하소연도 할 수 없고 힘들게 말을 해도 들어주는 곳도 없다. 교육부는 공식통계를 작성하지 않고, 교원단체의 누리집을 뒤집고 파도 회원들의 질병을 건강권 차원에서 조사한 기록이 없다. 예나 제나 교육의 대의는 크게 울리지만 깃발을 든 전사의 수고와 아픔은 아무도 눈여겨보지 않는다.

올해 교원단체의 조사를 보면 교원들의 직업 만족도는 대체로 30~50%(한국교총 32.1%, 전교조 47.8%) 정도다. 최근 1~2년 사이에 사기가 떨어졌다는 응답은 전체의 77.7%로 나타났고, 특히 교총 조사의 경우 교원들의 만족도는 작년에 비해 20%나 떨어졌다. 교직 수행 중 가장 큰 어려움은 문제행동 또는 부적응학생 지도(47.5%), 민원 등 학부모 관련(40.9%), 교육계 불신 여론이나 시선(39.4%), 과중한 행정업무(34.5%)의 순으로 나타났다(교총). 전교조 조사에서는 최근 2년간 교육활동에 부정적 영향을 준 경험으로 과도한 행정업무와 잘못된 교육정책(66.2%)이 가장 많았고, 학생의 폭언이나 폭행(41.0%), 학부모의 상습적인 민원, 폭언, 폭행(38.2%) 순으로 선택되었다. 최근 3년간 학부모(75.8%), 학생(67%)으로부터 절반이 넘는 교사들이(55.6%) 교권침해를 당한 경험(여교사 56.4%, 남교사 50%)이 있다(교사노동조합연맹). 교육활동으로 휴직 또는 병가를 경험했거나 고려하는 고등학교 교사는 전체 25%에 달했고 절반가량은 (45.7%)은 이런 고민을 남과 상의하지 않고 스스로 해결한다고 답했다(전교조). 교사들이 많이 앓는 질병은 성대 결절 같은 목소리 이상 (44.5%), 탈모(17%), 하지정맥류(11%) 피부질환(3.5%), 무지외반증 (2.7%) 등이나(교직원공제회, 2013), 성대 결절은 물론이고 하지정 맥류의 경우에도 간호사와는 달리 교사에게는 직업병으로 인정되지 않는다. 교사의 우울증은 전체 교사의 39.9%(유력우울증 28%, 확실 우울증 11.9%)로 일반 인구집단에 비해 높은 편으로(전교조 2017), 20대 교사, 기간제 교사, 고3과 중2 담임교사들이 다른 교사 집단에 비해 높은 것을 보면, 경험미숙과 고용불안, 입시지도와 중학생 특성 등이 영향을 끼치고 있는 것으로 해석할 수 있다. 냉정한 통계수치 안에 교사들의 아픔과 고통이 숨어 있다.

　교사들의 마음의 질병은 교사 효능감 충족 여부와도 밀접한 관계 가 있다. 학교는 학습이 주요 기능이고 교사는 가르치는 사람으로서 의 보람과 긍지를 가지고 살아야 하는데, 라이머(Reimer. E)가 일찍 이 「학교는 죽었다」에서 간파했듯이, 학교는 이미 학습의 기능보다 는 사회적 선발과 보호, 체제유지의 기능이 압도적이다. 따라서 교사 도 가르치는 자로서의 역할보다는 행정과 입시와 취직의 선발 유능 성, 생활지도와 같은 질서유지, 급식, 돌봄 영역의 보호자로서의 기능 과 역할을 강요받음으로써 교사의 효능감 또는 자존감의 상처를 받 게 된다. "교권침해에 대한 후유증으로 병가를 신청했는데 대체 인력 이 구해지지 않아 학생들을 자습시켰다고, 또 아이들을 지도하기 위 해 개별 면담도 하고 여러 노력을 기울였지만 수업시간 내내 엎드려 자고, 수행평가에 참여하지도 않고 응시도 거부해서 0점을 주었다고 아동학대 보호기관에 신고 당하고, 참석한 징계위원회에서는 본인의 소명을 들어주지 않은 채, '교사 맞습니까? 네, 아니오, 로만 대답하라'는 등 모멸적인 조사를 받으면서"(한국교육신문, 2020.5.18.) 자존심에 상처를 입은 교사들이 있다. 예민한 양심으로 인하여 고통 받는 초자아 불안이나, 교육의 효과성을 의심받는 데에 대한 자책감과 학생들에게 모범을 보여야 한다는 강박관념을 가진 채, 교사들은 학생들 가정의 협력 없이, 배울 의욕조차 없는 학생들을 데리고, 배움의 의미가 왜곡되어 가는 학교에서 학원 강사와 비교 당하며 우울증의 늪으로 빠져들고 있는 것이다.

교사들의 마음의 상처는 기대와 인정욕구와도 관련이 있다. 기대는 역할에 대한 외부의 소망이며 인정은 역할 수행에 대한 내부의 긍정적 바람을 말한다. 이중기대와 과잉기대, 인정의 부정이나 무시는 역할 수행자를 당황하게 하며 심하면 정서적, 정신적 문제행동을 일으킨다. 교사에 대한 기대는 최근 20여년 사이에 인품이 좋고 생각이 바른 교육자에서 수업을 잘하는 학습지도자로 바뀌었다. 학부모는 교사들에게 학원 강사와 똑같이 학습지도를 잘하는 사람을 기대하면서 학원 강사에게는 요구하지 않는 훌륭한 성품과 인격까지 기대하고 있다. 기대는 턱없이 높고 비판은 가차 없다. 또한 교사들은 스스로 인정받고 싶어 하는 자신들의 욕구 때문에 상처를 받기도 한다. 교사는 도덕성과 책임감에 민감하고 자존심이 강한 집단으로서 스스로 세운 철학과 목표에 철저하고, 비교와 경쟁의 인정투쟁에서 뒤지고 싶지 않아 자기 착취적 경향마저 보이기도 한다. 경쟁주의 정책에 기반한 교원평가, 수업실기대회, 〈우리 선생님이 달라졌어요〉와 같은 전시적인 방송 프로그램 등은 모두 외부 통제적 관점으로, 이런 것들의 복합적 상승작용으로 교사의 삶은 날로 피폐해지고 있다.

어떻게 하면 질곡이 된 교실 상황에서 벗어나 교사 나름의 행복을 추구할 수 있을까? 스스로 위로하고 남에게 위로받을 수 없는 정글 자본주의의 경쟁 사회에서 각자도생으로 살 수밖에 없는 학부모의 도움을 기대하는 것은 난망한 일이다. 자살률, 학습량 세계 1위와 같은 부정적인 지수가 압도하는, 가혹한 학습 노동에 시달리는 아이들에게 거칠고 폭력적인 말과 행동을 그치라는 신사적 권면도 대안적인 방법이 아니다. 학교행정가들에게 기업가적 관리와 경영의 마인드와 스킬을 버리고 따뜻한 인간의 손길을 내밀라고 촉구하는 것도 현실적이지 않다. 교육청은 학교폭력 등을 경험한 교사들에게 치료비 및 치유 연수를 제공하고 있으나 사후약방문식이고 비탄력적이다. 유일한 해결책은 교사 자신들의 지속적인 자구책뿐 퀵 픽스(quick fix)는 없다. 공부하는 연수 말고 동료애에 바탕을 둔 쉬고 위로하는 모임을 조직하는 일, 예를 들어 푼수를 떨어도 좋으니 교사들끼리 터놓고 말하는 〈수다모임〉 같은 것에 약간의 예산 배정이라도 요구하는 일부터 해 보자. 잘 하는 혁신학교에서는 이미 하고 있는 일이다. 학교별 모임이 자리 잡으면 지역 모임을 조직하고 정신과 의사나 상담 전문가를 초빙하여 도움을 받는 일도 가능할 것이다. 교사 상처 치유의 해결 방안은 교사 스스로 자신의 존엄성 회복하는 길이다. 적정기술을 빗대 이것을 적정교육이라고 한다면, 적정교육은 첫째, 교육과 교사의 합의된 정체성 아래, 둘째, 외부의 비교육적 목표와 과도한 기대에 저항하면서, 셋째, 자기 착취적 목표설정과 내부 경쟁에서 탈피하여 넷째, 동료와 함께 자기 걸음으로 가는 것이다. 모두가 아프고 어려우니 징징대지 말라고 하지 말라. 교사의 이야기와 하소연을 들어줄 수 있는 약간의 배려와 여유는 학부모를 포함하여 사회가 가져야 할 최소한의 의무이다. 건강한 사회를 위해서는 파수꾼이 있어야 하는 법. 교사들의 질병과 우울증이 개인적인 문제가 아니라 지극히 사회적이어서 사회학적 탐구의 대상이 되어야 하는 이유이다.

교사의 삶과 입시개선의 방향

약 20년 만에 칼럼을 쓴다. 1999년 〈한겨레〉에 '학교붕괴론' 기고를 통해, 학교의 실상을 알리고 산업사회의 학교모델에서 탈피해 학교의 질적 변화를 도모해야 한다고 주장했다. 그러나 정부는 엉뚱하게도 공교육 정상화를 내세워 내신을 대학입시에 반영하면서 학생들을 이른바 '죽음의 트라이앵글'(내신-수능-논술)로 몰아넣었다. 그 결과 죄책감으로 한동안 교육운동에서 발을 빼고 살았다.

이 글은 조형근 교수의 '대학을 떠나며'라는 〈한겨레〉 칼럼을 보고 나서 쓰게 됐다. 학문의 전당에서 지성인의 자유로운 사유와 고민보다는 실용적 지식생산 사이트로 변질된 대학에서 피곤하게 일하는 교수 노동자의 일상을 읽게 되면서, 문득 지난 20년 동안 우리 중등학교 교직사회는 어떻게 변했고 우리 교사들은 어떻게 살고 있을까 하는 의문이 들었기 때문이다.

학교마다 편차가 있어 일반화하긴 어렵겠지만, 그동안 현장에서 체감한 바로는 10년 전 혁신교육이 도입되고 학생, 현장, 과정, 배움 중심 수업이 강조되면서 수업시간에 잠을 자거나 이유 없이 돌아다니거나 무조건적으로 교사의 지도를 거부하는 등의 학교붕괴 현상은 많이 감소됐다. 토론, 토의 등을 통해 학습을 진작하는 기풍도 일어나고 있다. 그럼에도 불구하고 대한민국 교사의 삶은 고달프다.

우선 교사는 감정노동자로서의 삶을 감당하고 있다. 교사-학생-학부모의 관계가 변하면서 교사는 가르침의 권위자나 고급 지식의 담지자로서 보다는 학생과 학부모에 대한 서비스맨이자, 안내자, 보조자의 역할이 중요시 됐다. 학교와 교육기관은 이제 온갖 민원의 장소가 됐다. 수업과 생활교육에서 뿐 아니라 급식, 청소, 언어 등에서 학부모의 간섭 또는 민원으로 학교는 하루 종일 몸살을 앓는다. 학교에서 민주주의가 촉진된 결과라고 볼 수도 있겠으나, 전문적 영역에서의 수고뿐 아니라 전화 응대와 학부모 면담, 입시 상담 및 컨설팅 등의 과정에서 감정 노동자로서의 교사의 역할은 참으로 피곤한 일이 됐다.

다음으로 교사들은 기록노동자의 역할을 강요받고 있다. 특히 고등학교 교사의 경우 입시에 관련된 기록의 스트레스가 크다. 고등학교가 대학입시의 종속적 기능을 수행했을 뿐 독립적인 교육기관으로서의 역할을 한 적이 없지만, 학생부종합전형이 도입되면서 고등학교 교사는 생활기록부를 채우는데 많은 시간을 할애하고 있고 심적 부담도 크다. 교사들은 철학-내용-수업-평가의 교육과정 순환모형에 기초하여 교육과정-수업-평가-기록(교수평기)의 과정을 염두에 두고 수업을 진행하는데, 경우에 따라서는 꼬리가 몸통을 흔드는 격으로 교육철학에 대한 고민보다는 생활기록부의 기록을 위해서 교육의 전 과정이 계획되고 추진되는 웃픈 경우도 발생한다. 이 과정에서 교사의 노동 강도는 엄청 높아질 수밖에 없고 이 기록의 결과가 공개될 때 학부모와 학생들의 항의와 민원이 빗발칠 뿐 아니라, 외부기관 컨설팅을 받고 온 학부모와 누구보다 학생의 학습과정을 잘 아는 담임교사 간의 견해차로 인한 갈등도 교사의 삶을 옥죄는 요소가 되고 있다.

또한 교사는 갈등관리자의 고단한 역할도 감당해야 한다. 학교 안팎에서 빈번하게 발생하는 학교폭력과 가정폭력, 아동학대 등의 해결과 이의 여파가 고스란히 교사의 삶에 영향을 끼친다. 학교에서의 중재과정도 피곤하고 힘든 일이지만, 작은 일도 소송으로 해결하려는 학부모들의 행동으로 경우에 따라서는 생소한 재판 분야에 개입해야 되는 경우도 있다.

정부는 다시 대입에서 정시 비율을 확대하려는 입시 개선책을 내놓았다. 무엇이 공정한 제도인지, 누구를 위한 공정하고 평등한 제도인지를 따지기 전에, 학교의 본질이 교육기관인지 선발기관인지, 새로운 입시정책이 중등학교에서 일어나는 바람직한 변화의 흐름을 촉진하는 것인지, 아니면 이 싹을 자르는 것인지부터 먼저 고민하기 바란다. 부디 교사에게 부수적이고 파생적인 업무의 소진에서 벗어나 교육본질의 탐구와 소신 있는 교육적 실천 노력에 지쳐 피곤해질 수 있도록 해주기 바란다.

(한겨레 2019. 12.5)

2장

혁신교육의 길

학교를 혁신해야 할 이유

- '전교 1등 의사'들의 행태를 지켜보며

지난 한 달 동안 의사들의 불법 집단휴진 사태를 보면서 마음이 영 불편했다. 특히 '전교 1등 의사' 광고를 보면서 이들의 특권 의식에 더하여 비틀어진 사고방식에 대하여 황당하다 못해 경악할 지경이었다. 전교 1등은 아마 학교에서 상당히 우대받으면서 공부했을 것이다. 부모님들의 각별한 기대도 한 몸에 받았을 것이다. 초등학교의 전교 1등들이 모여 중학교의 전교 1등이 되고 중학교의 전교 1등들이 모여 고등학교의 전교 1등이 되었을 것이다. 특목고나 자율고 등은 지역의, 아니면 전국의 전교 1등들이 모여 하나의 학교를 이루었을 것이다. 전국 2,300여 개 고등학교 중 일부 일반계 고등학교의 특별한 전교 1등이나 특목고 등 특별한 학교의 전교 1등과, 그 비슷한 학생들만이 의사가 되었을 것이다. 현재 전국에 고3 학생들이 대략 55만 명 정도 되고 한 해의 의대 정원이 3,000명 정도 되니 이들은 1% 미만의 극소수 우등 학생들로서 '전교 1등 의사'들이 가질 자부심과 긍지는 충분히 짐작할 수 있다.

알다시피 '전교 1등 의사'들은 정부의 '공공의대 신설과 정원확대(400명)'안을 반대하고 약 한 달 동안 불법적인 집단휴진에 들어갔다. 이에 따라 전공의와 전임의도 휴진에 참여했고, 의대생들은 동맹 휴업에 들어갔다. 의협의 선도 투쟁에 따라 현직 의사뿐만 아니라 예비의사들도 동맹 휴학함으로써 일시에 나라의 의료체계를 교란시킨 것이다. 이들은 노동조합에 소속한 노동자들이 아니기 때문에 파업이라고 할 수 없을텐데도 명분을 파업이라고 내걸었다. 어떻든 집단 휴진이든 파업이든 이들의 행동을 나무랄 의도는 없다. 인간의 이기심에 기초한 자본주의 경제체제에서 그들의 이기심을 비난할 의도도 없고 명분도 없다. 인간의 생명과 직결되는 내외산소(내과-외과-산부인과-소아과)를 기피하고, 워라밸을 내세워 피안성(피부과-안과-성형외과)이나 마방진(마취과-방사선과-진단영상과)을 선택하는 그들의 행위에 대해서도 판단할 생각은 없다. 과문한지는 모르지만, 그동안 전공의들의 과다노동과 저임금 같은 병원 내 착취적 임금체계 문제나, 수시로 보도되는 전공의들에 대한 교수들의 폭행이나 성추행 사건에도 문제 해결을 위해 공동으로 단체행동했다는 소식을 들어본 적이 없다. 내 일이 아니면 동료라고 하더라도 남의 일에 대한 무관심을 미덕이라고 여겨온 그들이었기에 전국적이고 동시적인 그들의 집단행동이 놀라웠을 뿐이다. '의사 노동자'라는 말과 '파업'이라는 말과 '공정성에 항의하는 청년 노동자의 연대'라는 언사들은 듣기에 참으로 생경한 것이었다. 아무려나 어떻든 그들의 주장과 요구를 모두 비난하거나 반박하고 싶은 마음은 없다. 다만 엄중한 코로나 사태라는 세계적인 팬데믹 현상을 배경으로 하여 국민을 볼모로 잡고, 중환자실이나 응급실까지 비우고 단체행동에 나선 전공의와 전임의들의 행동은 인간의 생명 치료라는 의학의 존재 이유와 최소한의 의사윤리라는 차원에서 아무리 생각해도 이해할 수 없는 행동이었다. 그런데, '전교 1등 의사' 광고를 보고서야 그들에게는 인간의 생명보다 엘리트주의의 특권의식이 더 중한 문제일 수 있겠다는 생각이 들었다.

비판 여론이 들끓고 있다. 특별히 찾아 읽지 않아도 보는 신문이나 인터넷에서 '전교 1등 의사'에 대한 글을 10편은 읽은 것 같다. 좋은 의사란 무엇인가에서부터 특권층의 윤리 의식에 대한 비판까지. 칼럼을 읽고 나서도 보통교육기관에서 아이들을 가르치는 사람으로서 풀리지 않는 것은 이들의 이런 의식은 어디에서 기인하는 것일까 하는 것이었다. 그러기 위해서는 의과대학의 교양교육이나 의사윤리교육까지는 아니더라도 의대에 진학하기까지의 전교 1등들을 배출한 보통교육의 제반 문제를 심각하게 따져보아야 할 것 같다. 자본주의 체제의 상품이라고 치면, 교육계에서 생산한 최상위 1%의 상품인 그들이 그렇게 행동할 수 있도록 만든 특권의식을 형성하게 한 교육의 문제는 무엇인가? '전교 1등 의사'들의 문제는 결국 우리 교육의 입시 종속성에서 기인하는 문제라고 할 수 있다. 입시교육이란 한 마디로 교육의 모든 역량과 제도가 입시에 올인하는 교육이라고 할 수 있는데, 입시교육이라는 말이 제대로 된 말인지 우선 검토해 볼 필요가 있다. 다시 말해서 입시가 교육이 될 수 있는가? 입시를 위한 교육인가, 입시에 의한 교육인가? 교육을 위한 입시인가?

그럼 소위 '입시교육'의 문제는 무엇인가? 첫째, 목적의 전도 현상이다. 수단과 목적이 뒤바뀌었다. 대학입시란 중등교육의 끝 단계에서 학생의 능력과 장래의 직업 희망에 따라 고등교육기관에 정치定置하는 활동의 시험제도인데 우리나라에서는 수단인 대학입시가 나라의 모든 교육제도를 잡고 흔드는 형국이다. 입시제도에 기울어진 교육제도를 바로잡지 못하고는 우리 교육의 혁신을 말할 수 없다. 둘째, 입시는 선발을 목적으로 하는 것이기 때문에 교육의 관심은 우수한 학생들을 중심에 둘 수밖에 없다. 본인의 능력과 피눈물 나는 노력이 요구되지만, 사실 학교의 교육경비와 교사의 노력과 헌신과 부모의 재정적 능력까지 사회의 많은 자원이 투입되기도 한다. 그리고 이들에 대한 보호와 지원은 성적이 좋지 않은 학생들의 희생, 시쳇말로 '깔아주기'를 바탕으로 하기 때문에 이 학생들의 학습 기회와 사회적 비용까지 계산되어야 한다. 입시에 성공할 확률이 높은 학생들을 위한 특별한 프로그램을 짜고, 이들을 지도할 시간들이 더 많이 투입되며, 이들을 위해 방과 후에도 학교에 남아서 교사들은 더 많이 고민하고 수고해야 한다. 탈락생들에 대한 배려는 전혀 없다. 셋째, 입시교육의 가장 큰 맹점은 우수한 학생들의 사적 이익인 입신출세를 위해서 공적인 교육기관과 공무원인 교사들과 국가의 세금과 같은 비용이 투입된다는 것이다. 학생과 학부모의 사적 이해관계를 위해서 공적인 자원이 동원되는 것인데, 비판받아야 마땅할 이런 현상은 오히려 장려되고 이들의 입학 성적에 따라 학교의 평판이 결정되며, 지역 명문고 양성이라는 명분으로 지자체까지 동원되는 실정이다. 넷째, 입시는 결국 입시 과목으로 중시되는 과목들의 점수와 등수에 의해서 결정되기 때문에 학생들의 입장에서 학교에서 개설하는 모든 교과가 똑같이 등가로 평가되지 않는다. 결국 예술, 노동교육, 가치교육은 등한시됨으로써 전인적 발달을 도모할 수 없고, 교육과정 파행 운영이 일반화된다. 다섯째, 입시교육은 결과를 목적으로 하기 때문에 교육의 동기와 목적을 가볍게 생각하는 경향이 있고, 승자독식의 가치관을 심어준다. 여섯째, 입시교육은 출제가 용이한 문제 중심으로 가르치는 암기식 교육을 강요하게 되고 결과적으로 새로운 형태의 교육과 수업방식의 가능성을 차단하게 하는 문제가 있다.

우리 교육의 거의 모든 문제점은 입시교육에서 파생된 것이라고 말해도 과언이 아니기 때문에 입시교육으로 인한 교육의 병폐야말로 학교와 교육을 혁신해야 할 이유라고 할 수 있다. 그것은 한 마디로 학교교육에서 공공성의 원리가 회복되어야 함을 의미한다. 공공성이 살아 있는 학교란 학교 구성원들의 상호 존엄성이 인정되고 협업을 통해 공동의 이익을 추구하고 보편 가치를 공유하며 학교내외에 좋은 영향력을 미치는 학교를 말한다. 학교는 인종이나 외모, 성별 등등의 차별적 요소뿐만 아니라 성적에 의해서도 무시되거나 모욕받는 배제의 공간이 되어서는 안 된다. 이를 위해서 사회적 비용을 사용하는 학교는 국가개입의 정당성을 위해서라도 공공적으로 운영되어야 한다. 공부 잘하는 학생이나 사회 주류에 해당하는 특정 계층을 위해 이용되어서는 안 된다는 의미이다. 또한 교육내용이나 교육결과의 사회성 및 공익성을 고려해야 한다. 교육내용이 특정 계층에 유리하게 편성되어서는 안 되며, 교육을 통해 얻게 되는 수익은 사회화되어야 한다는 것을 의미한다. 학교 교육환경의 공공성도 확보되어야 한다. 교육환경은 입시교육과 같이 어떤 목적에 경도된 것이 아니라 국가 구성원 전체의 삶의 공간으로서 정상성을 회복해야 한다는 뜻이다.

생명이 경각에 달려있는 급성 중증 환자들을 버려두고 장기간의 불법 휴진을 벌이는 우리 교육의 최고 퀄리티인 '전교 1등 의사'들의 행태를 보면서 우리 교육이 얼마나 공공성에서 벗어나 사적 이익에 복무해 왔는지, 그 결과의 폐해가 얼마나 심각한지 다시 한번 깨닫고 있다. 의사 진료실 앞의 환자들이 질병으로 고통받는 실존적 생명체가 아니라 돈으로 보이거나, 옛날에 자기 성적을 깔아주던 사람으로, 더 나아가 최상층 1%의 의사들의 고급생활을 지탱하기 위해 존재하는 사람으로 보일까 무섭다. 이러한 인력구조를 생산하는 학교는 혁신되어야 마땅하다.

'혁신학교'의 교육사적 의미

2009년 2학기에 경기도 13개 학교에서 처음 시작된 '혁신학교'는 이제 지역을 넘어 전국적인 학교개혁 모델로 자리 잡아 가고 있다. 전국 각 지방 교육청에서 시행하고 있는 행복더학기학교, 행복학교, 빛고을혁신학교, 서울형혁신학교, 세종혁신학교, 창의인재씨앗학교, 부산다행복학교, 서로나눔학교, 행복배움학교, 무지개학교, 다혼디배움학교, 행복나눔학교, 행복씨앗학교들은 이름만 다른 '혁신학교'들이다.

김상곤 경기도교육감 공약으로 시작된 '혁신학교'는 출발 당시 교육과정 다양화·특성화, 전문적 학습공동체 형성, 교수학습공동체 중심의 운영 시스템 구축, 생산적인 학교문화 형성, 대외협력 참여확대, 권한위임체제 구축을 6대 중점 추진과제로 설정하였다. 그 후 10여 년 동안 몇 차례 변경과정을 거쳐 민주적인 학교운영체제, 윤리적 생활공동체, 전문적 학습공동체, 창의적 교육과정을 4대 중점과제로 추구하고 있다.

혁신학교 정책은 우리 현대 교육사에서 매우 보기 드문 특징적이고 의미 있는 정책으로 평가할 수 있다. 첫째, 혁신학교 정책은 대한민국 역사 최초로 공공성公共性에 기초한 개혁조치이다. 해방 이후 대한민국 교육의 성격은 국가주의에서 시장주의로 전환되었지만, '잘살아보세'라는 경제주의가 핵심이었다. 국가 주도 개발경제에서 민간 중심의 신자유주의 경제로 이양되었을 뿐 교육의 기본은 개인성의 소멸에 바탕을 둔 경제주의적 국가 동원체제라고 할 수 있었다. 일반 국민들도 인간 형성이라는 교육의 기본적인 목적보다는 자녀의 입신 출세라는 목적에 집중하다 보니 민주시민 양성이라는 교육의 공공성 은 자리 잡을 수 없게 되었다. 혁신학교는 이러한 국가와 국민 개인 의 비교육적 목적을 바로 잡고 교육의 목적을 공공성에 둔 정책이다. 둘째, 혁신학교는 모든 국민과 학생을 품고 보듬으려는 포용적 교육 정책이다. 90년대 후반 이후 등장한 '학교붕괴현상'에 대해서 이명박 정부는 다수의 학생을 포기하고, "똑똑한 놈 한 명이 만 명을 먹여 살린다"는 이건희식 신자유주의 인재관에 바탕을 둔 '고교 다양화 300 프로젝트'와 같은 교육 수월성 정책을 시행하게 된다. 이후 정부 는 똑똑한 한 명을 키우기 위해 자사고와 자공고를 설립하여 예산을 집중 투자하여 육성하게 되지만, 혁신학교 정책은 특별한 소수를 위 한 수월성 정책에 반대하며 공공성의 원리에 의하여 모두를 위한 학 교가 운영되어야 할 것을 천명한다. 2009년 초기 13개의 혁신학교 는 교육환경이 열악한 지역의 학교에서 시작되었다. 셋째, 혁신학교 정책은 지금까지의 교육개혁 방식과는 달리, 중앙정부가 아니라 지 방교육자치단체에 의한 교육개혁 조치라는 특징이 있다. 지금까지 모든 교육개혁은 교육부 중심으로 이루어졌다. 정부가 바뀔 때마다 교육부 산하에 교육개혁 관련 위원회를 만들고 이 위원회의 주도로 여러 가지 교육개혁 조치가 이루어져 왔다. 가장 대표적인 것이 문민 정부 산하의 교육개혁위원회에 의한 5·31교육개혁안으로 지금까 지도 각종의 교육정책에 영향을 미치고 있다. 혁신학교 정책은 지금까지의 탑다운top down 방식에서 바텀업bottom up 또는 바텀투 바텀bottom to bottom 방식으로 경기도의 이 지역에서 저 지역으로, 경기도교육청에서 다른 지방 교육청으로 퍼져가고 있다. 넷째. 혁신학교 정책이 자생적이라는 것도 또 하나의 중요한 특징이다. 혁신학교 정책은 외국의 개혁학교 모델이나 외국학자의 이론을 모방하지 않고, 경기도 일부 초등학교와 대안학교에서 축적된 성공적인 교육경험이 전파되어 일반화되고 다시 이것들이 정책으로 형성되어 도내의 여러 학교로 다시 전파되는 방식의 발전 경향을 보이고 있다. 미국의 헌장학교charter school과 비교하는 일부의 소리가 있지만, 혁신학교는 그것과는 성격이 아주 다르다. 다섯째, 한 교육자치단체의 성과가 다른 지자체로 자연스럽게 퍼져나간 전국적 정책이라는 점도 특징이라고 할 수 있다. 예전에 서울시교육청에서 새물결운동이라는 것이 있었고 전국적인 열린교육정책도 있었지만 한 지역에서 또는 한 동안만 유행하다 끝났다. 10년이 넘게, 그리고 전국적인 단위로 이루어지는 혁신학교 정책은 매우 드문 사례라고 할 수 있다. 여섯째, 혁신학교 정책은 정책과 운동이 결합된 독특한 성격을 띄고 있다는 것도 특징이다. 이른바 학교붕괴현상이라고 일컫는 전대미문의 교육위기 상황에서 교육을 되살리려는 선생님들이 전국에 있었고, 그들의 노력으로 성공한 작은 학교들과 대안학교들이 있었다. 이 선생님들과 작은 학교들이 공교육의 혁신학교 모델이 되었으며, 마침 자리 잡은 지방자치제와 성숙한 정치의식의 신장으로 생각 있는 교육감들의 당선되면서 현실적인 힘을 가지게 되었다. 혁신학교에서 수고하는 선생님들은 단순히 정책 수행자라는 입장에서 벗어나 내 학생과 내 학교를 변화시키고 교육을 개혁하려는 운동가의 입장에서 오늘도 수고를 마다하지 않고 있다. 박토에 씨를 뿌리며 남모르는 눈물을 흘리고 헌신했던 소수의 교육경험이 경기도에서 정책적인 현실체가 되어 지금은 전국으로 도도한 강물처럼 흐르고 있다.

혁신학교, '반쪽짜리 집'

알렉한드로 아라베나라는 젊은 건축가가 있다. 건축계의 노벨상이라 불리는 프리츠커상을 받은 그는 칠레의 사막 중앙에 있는 이쿠익시에 불법 거주자를 위한 집을 지어주는 프로젝트를 맡았다. 턱없이 부족한 정부 예산으로는 이들이 살 넉넉하고 편안한 집을 지을 수 없어 먼저 건물의 반만 짓고, 나머지는 입주자들이 형편이 좋아지면 스스로 지을 수 있도록 반쪽 공간을 비워둔 '반쪽짜리 좋은 집(Half of a Good House)'을 지었다. 예산에 맞춰 작은 집을 지은 게 아니라, 건축가는 예산을 고려하되, 가난한 거주자에게 집의 확장이라는 목표와 경제활동의 동기를 부여함으로써 사회적 책임을 다하게 하려한 것이다. 이 프로젝트로 그는 '공공 서비스 개념의 건축'을 추구하는 세계적인 디자이너로 평가받는다.

혁신학교는 아라베나의 '반쪽의 집'의 꿈과 같다고 생각한다. 왜냐하면 최소한의 조건과 원칙만을 제공하고 나머지는 구성원이 스스로 자활 능력을 키워 집을 채워가는 방식이 그렇고, 사회 참여를 유도하는 공공 서비스 건축물이기 때문에 그렇다. 혁신학교는 새로운 집짓기다. 해방 이후 60년은 미국식 학교제도가 이식된 기간이었다. 미국식 학교제도는 근대화에 기여하고 신생국에 필요한 인재 양성을 위해 크게 공헌하였지만, 한편으로 민주성과 생산성 측면에서 심각한 문제를 낳았다.

혁신학교는 완전한 집을 지어주는 것이 아니라, 기본철학과 기본

과제만을 제시한다. 어떤 모양의 집을 지을지, 어떤 재료로 벽을 세울지, 지붕을 어떤 재료로 구성하고 어떤 색깔로 칠할지는 학교 구성원이 스스로 결정한다. 땅 모양에 따라 네모나 세모의 집이 될 수도 있다. 식구 수에 따라 방의 개수나 모양이 달라질 수 있고 가족의 욕구에 따라 내부의 공간구성이 달라질 수도 있다. 도시, 농촌 관계없이 비슷비슷 대동소이 아파트 형태의 집 구조에서 벗어날 수 있는 것이다.

혁신학교는 철학으로 집의 기초를 삼는다. 한국교육의 반교육성을 바로잡는 의미를 갖는 혁신학교 5대 철학은 공공성公共性을 기반으로 창의성, 윤리성, 전문성, 민주성이다. 2009년 출발 당시에는 자발성, 지역성, 창의성, 공공성을 기본으로 삼았으나 2011년, 2015년에 약간씩의 변화를 거쳐 지금의 5대 철학으로 확정되었다. 공공성은 혁신학교 철학의 기본원리로, 혁신학교의 사회적 지향과 가능성의 평등을 통한 건강한 사회를 만들기 위한 노력을 의미한다. 사실 그간 우리 교육은 공공성이 심각하게 훼손된 상태였다. 민주시민 양성이라는 헌법과 교육기본법상의 교육목적은 철저히 무시되고, 공교육은 입시교육으로 변질되어 공공의 이익이 아니라 지위 경쟁이라는 사적 이해 다툼의 마당이 되었다. 학교도, 국가지원의 교육비도, 공무원인 교사도 사적 이해관계 추구의 도구로 전락한 교육 현실을 바로 잡자고 하는 것이 공공성의 원칙이다. 이에 따라 학습복지라는 개념이 등장한다. 창의성은 교육내용의 창의성을 통해 창의적인 인재를 육성하고자 함이다. 우리 교육은 오랫동안, 지금까지도 주입식 암기 교육에 의존하였다. 이것은 지식의 완전성에 기초한 교육으로 과거의 문화에 중점을 두고 미래를 준비하는 관점이다. 이제 지식은 완결된 것이 아니라 형성되는 것으로, 교육의 초점은 과거가 아니라 미래를 지향하고 있다. 주입식 암기 교육으로는 4차산업혁명으로 비유되는 미래의 세계에 적응할 수 없다. 비동시성의 동시성이 혼재하는 시간과, 동서양의 공간을 압축하고 넘나드는 새로운 창의적인 인재가 요구되는 것이다. 창의성은 교육의 생산성 또는 효율성과 관련이 있다. 민주성은 구성원의 인권보장과 책무성을 바탕으로 민주적 학교공동체를 구축하는 것을 말한다. 우리는 오랫동안 개발독재 국가에 살면서 과정보다는 결과를 중시하고 경제성장이라는 목표를 위해서 다른 가치들을 무시하며 살았다. 국가목표에 동원된 학교도 관료주의에 심하게 물들어 학교 내부구성원의 의견을 모으며 집단지성을 발휘할 수 있는 여지가 없었다. 윤리성은 학교 구성원 간의 관계를 규정하는 의미이다. 학생과 교사, 학생과 학생, 교직원과 교직원 사이에 서로 존중하고 예의를 지키며 서로의 성장을 지지하고 지원하는 것이다. 학생은 배우는 자의 본분을 지키고, 교원은 가르치는 자의 사명과 교직의 의무를 다하며, 직원은 조직의 유지와 발전을 위해 최선을 다하는 것이다. 전문성은 교직의 깊이와 성찰을 요구한다. 교사는 교육과정과 관계의 전문가가 되어야 한다. 국가교육과정의 단순 전달자이기보다는 교육과정을 학교와 학생에 맞춰 창조적으로 해석하고 재구성하기 위해 노력하는 교사, 특히 학생들을 인간적으로 이해하고 교육과정을 실현하는 관계 전문가로서의 교사상이 요구된다.

철학이 혁신학교라고 하는 집의 기초라면 이 기초에 세워질 기둥이 4대 중점과제이다. 4대 중점과제는 학교가 해야 할 가장 기본적인 역할을 규정한 것이다. 혁신학교 초기에는 교육과정 다양화·특성화, 전문적 학습공동체 형성, 교수학습중심의 운영시스템 구축, 생산적인 학교문화 형성, 대외협력 참여 확대, 권한위임체제 구축이라는 6대 중점 과제가 추진되었으나, 2012년 4대 과제로 요약되고, 이후 약간의 명칭 변경을 통하여 현재 창의적 교육과정, 윤리적 생활공동체, 전문적 학습공동체, 민주적 학교운영 체제가 철학의 기초 위에 세워진 4개의 기둥 역할을 하고 있다. 학교는 결국 교육과정이다. 학교의 행정과 교사의 전문성과 학교문화도 교육과정 운영을 위해 존재하는 것이다. 교육과정은 교육철학에서 시작하여 교육내용의 선정과 조직, 교수(수업), 평가에 이르는 일련의 순환과정을 의미하며, 교육의 목적과, 지식·기술·태도 같은 교육내용이 최종적으로 학생의 머리와 마음 밭에 떨어져 작동할 때 완성된다. 혁신학교는 교육과정에 달려 있다. 따라서 교육과정은 정상화, 다양화되어야 하고, 학생의 마음 밭에 뿌려지는 배움중심 수업이 이루어져야 하며, 학교와 교사는 교육과정 운영에 책무성은 물론 윤리적 책임을 다해야 한다. 창의적 교육과정을 운영하기 위해서 학교는 윤리적 생활공동체와 전문적 학습공동체의 소임을 다해야 한다. 윤리적 생활공동체는 학교 구성원의 학교생활과 관련된 것으로, 구성원은 상호 존중과 배려가 몸에 배여 하나의 문화가 되어야 하며, 각종 사고와 폭력으로부터 안전해야 한다. 자신과 타인, 나아가 자연의 권리가 존중되고 공존과 공생을 실천하는 시민이 되어야 한다. 그래서 시민교육이 필수적으로 요구된다. 교사는 가르치는 자로서 스스로 배우고 섬기는 주체가 되어야 한다. 학교조직 자체가 학습조직이 되어야 하고, 교육과정의 공동연구, 공동실천의 수행자가 되어야 하며, 교육과정 전문가로서 교육과정의 재구성에 대한 노력과 수업의 개방과 성찰에 노력해야 한다. 교사는 교실주의, 수업의 사적 소유를 넘어서야 한다. 이를 위해서 학교는 민주적으로 운영되어야 한다. 학교의 비전과 책무성을 학교 구성원들이 공유하고, 역동적 학교문화를 위해서 교장의 리더십이 발휘되어야 한다. 행정은 교육과정행정으로, 교육활동을 중심에 두는 학교시스템이 되어야 한다. 또한 학교는 학교의 울타리를 넘어 지역사회 학교 역할을 수행해야 한다. 지역사회 학교란 학교에 필요한 자원을 지역사회에서 조달한다는 것만이 아니라, 지역사회의 문제 해결에도 나름의 역할을 해내야 한다는 것을 의미한다. 우리 교육의 근본적 문제는 생산성과 민주성의 결여에 있다. 엄청난 속도로 변화하는 사회에 적응하거나, 사회를 선도할 수 있는 지식과 인재를 학교에서 배출하는 것이 생산성의 문제라면, 교육의 목적과 방법을 결정하는 방식의 문제는 민주성과 관련이 있다. 지금까지 이런 것들을 교육부나 교육청 관료들이 결정했다면, 이제 학교에서 결정되어야 하고 바로 이것이 바로 혁신학교의 목표이며 과제라고 할 수 있다.

혁신학교는 5대 철학의 기초 위에 4대 중점과제라는 기둥을 제시할 뿐, 내용과 방법은 오로지 구성원의 의지에 따르도록 하고 있다. 정책당국은 단위학교의 구체적인 활동에 간섭하지 않고 이들의 의도와 의지를 도울 수 있는 지원 창고만을 운영하고 있다. 혁신학교 지원체제가 바로 그것으로, 이 창고에는 학교 자율권 확대 및 행·재정적 지원, 혁신학교 근무자를 위한 혁신학교 아카데미, 담당자 양성을 위한 혁신 리더 연수, 혁신대학원 지원, 혁신교육지원센터 운영, 혁신교육 네트워크 지원 등이 보관되어 있다. 혁신학교는 천편일률적인 대규모 아파트 단지를 조성하는 사업이 아니라 각자가 가지고 있는 땅에 자기가 필요로 하는 집을 짓는 일과 같다. 도시와 농촌의 사정이 다르고, 거주자의 연령에 따라, 가족의 구성과 수와 욕구에 따라 필요로 하는 집이 다른 것처럼, 도농, 학교급별, 지역별, 설립별로 각자 필요한 맞춤형의 학교를 만들어가는 것이 혁신학교다.

되는 집, 되는 학교

'되는 집은 가지 나무에 수박이 열린다'는 속담이 있다. 구전설화에서 나온 말로, 가지 나무에서 수박이 열릴 수 있다는 조상들의 생명공학적인 상상력이 놀랍지만, 이는 사실 어려웠던 시절 배고픔을 이기기 위해 만들어진 소망의 상상력이다. 땔감을 구하려 산에 가서 눈밭을 헤매다가 나무 대신, 동삼이 자라는 따뜻한 곳에서 자라던 수박을 얻어서 큰 부자가 되었다는 판타지이다. 비록 현실성 없는 허구지만 이 이야기에는 우리가 놓칠 수 없는 '되는 집'의 덕목들이 있다. 부부 금슬이 좋았다든지, 가난했지만 가족끼리 화목했다든지, 추위에 굴하지 않고 높은 산에 땔감을 구하러 가는 용기와 결단이 있었다든지, 귀한 겨울 수박을 배고픈 가족끼리 한 번에 허겁지겁 먹어 치우지 않고 팔아서 큰돈을 만들 수 있는 만족지연의 심리와 경제적 지혜가 있었다든지 하는 것들이다.

'되는 집'과 마찬가지로, '되는 학교'들도 무언가 공통적인 비결이 있다. 학교의 응집력 있는 학교문화가 그것이다. 소박하게 말하면 학교문화란 학교만의 독특한 분위기나 심리적 풍토 또는 기풍을 말하는데, 문화는 구성원들에 의해 만들어지기도 하지만, 한편으로는 문화가 구성원들을 만들기도 한다. 얼핏 보면 그 학교가 그 학교 같지만, 깊이 들여다보면 사람마다 얼굴이 다르듯 학교도 서로 다른 얼굴을 가지고 있다. 표면적 구조는 비슷하지만, 심층적 문화는 큰 차이가 있는 것이다.

학교를 구별하는 결정적 요소는 학교문화이다. 조직풍토 연구로 시작되어 1980년대 들어서 본격화된 조직문화 연구는 조직과 지도자 개인 특성에 집중한 구조론을 넘어 조직문화의 적극적 역할에 주목하기 시작한다. 조직학자 샤인Shein에 의하면, 조직문화는 구성원 모두에 의해서 공유되고 무의식적으로 작동되며, 지극히 당연하게 받아들여지는 보다 깊은 수준의 기본가정과 신념이다. 이는 조직 속에 내재하면서 구성원들의 행동에 지속적으로 영향을 미친다. 조직문화의 수준은 구체성과 추상성의 차원에서, 그리고 가시성과 비가시성의 차원에서 세 단계로 구분된다. 제1수준은 규범의 단계로 가장 구체적이고 가시적인 수준으로, 인위적으로 만든 상징물이다. 학교의 교훈, 교가, 비전, 교화, 교조, 교수와 같은 상징물, 조회, 축제 같은 것들로 모든 학교에 다 있는 것이지만, 이것들이 계획과 의도한 대로 제대로 작동하는지는 미지수다. 제2수준은 가치의 단계이다. 가치는 바람직한 것, 당위적인 것에 대해서 구성원들이 가지는 공유적 개념형성을 말한다. 구성원들이 공유한 가치는 조직의 기본성격을 명확하게 해주고 조직의 정체성을 가지도록 한다. 조직의 철학이나 이념으로 구체화된 일련의 가치들은 불확실성을 타개하는 해결방법을 제시해 준다. 개방성, 신뢰, 협동, 친밀성, 팀웍 등이 여기에 해당하며 구성원 모두가 의식하는 상태이다. 제3수준은 기본가정의 단계로 심층적이어서 평소에 의식하지 못하지만 가장 강력하게 영향을 미치는 요소이다. 외적 적응과 내적 통합의 문제를 타개하는 과정에서 해결책이 반복적으로 사용됨으로써 조직의 기본가정이 만들어진다. 이러한 기본가정은 조직 내 모든 행동에 적용되고 신입교사들의 학교 내부사회화 지침이 된다. 모든 학교는 이 세 가지 수준의 문화를 모두 공유하고 있다. '안 되는 학교'가 형식적이고 표피적인 문화 수준에 머무르거나, 인간과 교육에 대한 잘못된 신념체제의 지배를 받고 있다면, '되는 학교'는 비가시적이지만 강력한 교육의 의미와 조직 운영의 신념체계가 작용하는 학교라고 할 수 있다.

　　문화의 핵심적 요소를 인간자원의 지향성으로 본다면 학교문화는 보호문화, 냉담문화, 실적문화, 통합문화로 유형화된다. 냉담문화가 구성원에 대해서도, 성과에 대해서도 관심을 보이지 않음으로써 조직의 생존을 걱정해야 하는 퇴행적인 형태라고 한다면, 통합문화는 구성원에 대한 인간적 관심과 조직 성과에 대한 높은 기대를 나타낸다. 여기서 인간은 가부장적인 자애의 대상이 아니라 오히려 존엄의 존재로서 조직발전에 기여할 수 있을 것으로 가정하며 기대한다. 실적문화와는 달리 개인이 아닌 조직의 성공에 강조점이 주어지고 협동, 창의성, 모험, 자기 지시, 실험은 통합문화의 중요한 가치들이다. 품질관리(QC, TQM)에 집중하여 잘 운영되는 기업들을 관찰한 결과를 바탕으로 오우치Ouchi는 Z이론이라는 효율적인 조직문화를 제시한 바 있는데, Z형 조직은 ① 의사결정과정이 합의적이고 참가적이다 ② 의사결정이 집단적 과정을 거치지만 결정의 궁극적인 책임은 개인에게 둔다 ③ 구성원들을 인격적으로 대우한다 ④ 평등주의를 지향한다는 것을 특성으로 제시하였으며, 구성원들의 헌신, 친밀, 신뢰, 협동, 팀웍, 평등주의의 가치를 공유하는 것으로 보았다. '되는 학교'라면 마땅히 통합문화의 성격을 가지게 될 것이며 Z형 조직의 특성을 보여줄 것이다.

그러면 이러한 문화는 어떻게 형성되는가? 대추 한 알이 '저절로 붉어질 리' 없듯, 학교문화는 결국 오랜 시간에 걸친 구성원들의 담대한 시도와 실패, 이후의 성공 경험에 의해서 축적된다. 학생과 학부모 등의 영향이 전혀 없다고는 할 수 없으나 주로 교장과 교사들이 주요 변수다. 교장의 철학과 리더십 형태, 교사들의 교육에 대한 적극성, 학교참여 방식과 의지 등이 중요한 요소다. '되는 학교'의 교장들은 교장실에 혼자 앉아 공문만 들여다보지 않는다. 문서주의를 벗어나 관리자와 평교사의 선을 넘고, 학교의 울타리와 지역사회를 건넌다. 사람과 사람, 일과 일, 학교와 지역사회의 경계를 넘나들면서 자원의 활용과 교류에 힘쓰며 생각의 삼투滲透에 앞장선다. 맹목적인 안정과 정숙의 틀에서 벗어나 잠정적인 무질서와 혼란을 용인하고 때로는 의도적으로 조장하면서 다양한 목소리를 하나의 새로운 질서로 묶어 낸다. 구성원들이 손을 잡고 함께 한 방향으로 나가되 한 동작으로 발을 맞추도록 요구하지는 않는다. 나아가 행정을 넘어 학교 거버넌스를 구축한다. 또한 '되는 학교'에는 반드시 변화 촉진자(change maker)로서의 평교사 리더들이 있다. 이들은 '모나면 정 맞는다'는 보신주의를 타파하고, '인간은 게으르고 시키는 일만 한다'는 인간관에 도전하였다. 함께 하는 교사들의 안목을 넓히고, 패배주의적 문화를 극복하며 인간의 존엄성에 기초한 민주주의 학교문화를 형성해 나갔다. 이러한 문화가 학교 내 성별, 연령, 교육경험, 교직소명, 포부

수준, 승진의지 등에 따른, 상이하고 다양한 소집단별 하위문화를 통합하고 생산적인 학교문화로 승화시켰다. 결국 '되는 학교'는 혁신적인 교원들에 의하여 '만들어진 학교'인 것이다. 이들의 존재는 자생적이기도 하나 연수와 운동을 통해 훈련된 결과이기도 하다. 이것들은 '되는 학교', 모범적인 혁신학교를 오랫동안 보고 관찰한 결과다. 문화는 조직의 생산에 영향을 줄 뿐만 아니라 성과평가에도 영향을 주고받는다. 한때 GE의 기업평가모형인 스택 랭킹(stack ranking) 또는 활성화 곡선(vitality curve)이 세계적인 주목을 받았던 적이 있다. 상대평가에 의하여 상위 10%에게는 엄청난 보상(급여와 스톡옵션)을 주고 하위 10%는 배제하여 퇴출시키는 정량적인 기업평가는 GE의 성공을 가져왔지만 동시에 몰락의 원인이 되기도 했다. 줄 세우고 배제하는 실적문화 방식으로는 조직의 성공을 보장할 수 없다는 것을 보여준 실례라고 할 수 있다.

여기서 잠깐! '되는 집'의 기준은 화목하고 노력하되 전략적인 지혜이다. 부자가 된 것은 결과다. 마찬가지로 '되는 학교'의 기준은 학교 구성원의 동질성과 일체감, 자기 일에 대한 만족과 효능감, 결과적 행복감이다. 업적과 평판은 따라오는 덤이다.

선을 넘는 교장들

　사람은 자기의 경계 안에 살 때 편안함을 느낀다. 경계 안에 영역이 생기고 영역 안에서 각자 삶의 목표를 실현하고 이를 위한 다른 이와의 협력도 자기 영역 안에서만 추구한다. 영역은 좁게는 가정에서 마을, 국가를 거쳐 넓게는 인류까지 포함할 수 있으나, 좁은 영역이라야 자기 정체성을 느끼고 방해받지 않는 느낌과 좀 더 아늑함을 즐길 수 있어서 영역의 범위는 자연적, 인공적 부족별로 갈수록 더 좁아진다. 현대에 들어와 세상은 점점 넓어지고 스마트폰 등으로 사람 사이는 좀 더 밀접해지는데 사람들은 오히려 자기 영역을 점점 더 작은 단위로 잡고 그 속에 숨는 경향이 있다.

　보통 사람들만 그런 것이 아니다. 학자나 의사, 법조인도 대중을 위한 초월적 봉사를 내세우나, 표방하는 말과 달리, 전문직주의, 말 그대로 자기들만의 리그에 빠져 있어 경계 밖의 다른 사람의 요구를 잘 모를 뿐만 아니라 구태여 의견이나 비판을 잘 들으려고 하지도 않는다. 최근의 의사, 검사들의 집단행동이 그런 예다. 구분이 없었던 자연이 선線에 의해서 국경으로 갈리고, 본래 철학이라는 이름으로 하나였던 학문이 복잡한 세계를 더 잘 연구할 목적으로 분과학문으로 분화되었다. 학문은 전공별로 좀 더 세분되어 갔으나, 분별을 위해 나뉘었던 선들은 어느새 자체가 목적인 것처럼 서로 넘나들 수 없는 불가침의 경계가 되어가고 있다.

　사람을 키우고 살리는 교육도 마찬가지다. 아이들을 낳아 기르는 것은 본디 가정의 일이었고 마을의 기업基業이었으나, 근대 들어서 공교육체제가 편성되면서 주민, 심지어 부모들의 학교참여도 가로막혔다. 부유층이나 종교기관에 예속된 학교를 국가기능으로 돌리고, 사회적 불평등으로 인한 교육 불평등을 해소하기 위해 공교육체제를 도입한 호레이스 만Horace Mann의 이상은 위대했으나, 교육은 점차 주민 통제를 떠나 국가와 시장통제에 들어가 기능이 학교교육 schooling으로 한정되었다. 이렇게 교육이 학교교육으로 축소되면서 학교교육은 굵은 선에 의해서 다른 부분과 구별되는 하나의 사회 영역이 되었다. 주민들을 배제한 채 이 선 안에서 교사들에 의해 이루어졌던 교육은 국가 명령의 하위체제인 교장에 의하여 통제되기 시작했다. 근대교육의 자생적 발달의 기회가 없었던 우리나라의 경우, 식민지 체제의 유산, 해방 후 교육자치가 배제된 미국식 교육제도의 도입, 이어서 들어선 독재적인 정치체제와 민주주의 경험 부족은 국가통제의 교육을 강화했다. 한국교육은 주민들의 요구와 유리된 채 오랫동안 학교라는 울타리에 갇혔고, 문서주의, 형식주의, 관료주의에 빠진 교육행정은 교육을 위한 행정인지, 행정을 위한 교육인지 하는 논란에 휩싸이게 되었다.

그런데 최근 혁신교육이 자리 잡으면서 오랫동안 울타리 안에 갇혀있던 교육자들이 학교의 울타리를 넘어서고 있다. 행정의 선에 자신을 가두었던 교장들이 교육의 영역으로 그리고 학교를 넘어 마을과 사회로 넘어오고 있다. 경기도교육연구원 이혜정 박사팀의 연구(2020)는 선을 넘는 교장들의 모습을 소개하고 있다.

A 초등학교의 김교장이 부임 초에 제일 먼저 한 일은 마루면과 군 내의 주민들과 학교 교사들에게 마을 모임을 제안한 것이었다. 교장 의 제안은 교육에 대한 갈망이 있던 주민과 교사들의 마음을 뜨겁게 달구었고, 마음이 뜨거워진 사람들은 한 학교씩 순회하면서 각 학교 의 혁신내용과 과정을 공유하며 자기 학교에 적용할 방법을 탐구하 였다. 이런 과정을 거치면서 여기에 참가한 교사들은 세 학교의 공동 교육과정을 구성하고 운영하게 되었다. 공동교육과정을 내실 있게 운영하기 위해서 세 학교의 교사들은 매년 학기초 기획 워크숍을 하 고 학년말에는 공동평가회를 한다. 이를 지원하기 위한 학부모들의 연대와 협의체 구성도 이루어졌고, 교장단협의체도 결성되었다. 지 금은 세 개의 초등학교와 면내 유일한 중학교 간의 '일관된 9년 교육 과정' 구성을 준비하고 있다. 김교장은 처음부터 교장 리더십의 범위 를 학교에 국한시키지 않고 학교가 포함된 지역 전체에 두었고, 교장 이 주도하고 제안하는 형식이 아니라 지원하고 조언하는 형식을 취 했다. 즉 판을 깔아주되, 이끌지는 않았다.

B 중학교 박교장은 혁신교육 확장과 교사 자치, 그리고 마을교육 공동체 구축을 본인의 핵심과업으로 삼았다. 즉 학생들의 성장과 배 움을 위하여 학교와 마을을 연계하는 교육활동을 구체적으로 기획하 는 '대외협력 담당자'와 '배움의 기획자' 역할을 하면서 교사 자치를 통하여 교사들과 협업하는 방법을 모색하고 있다. 그동안 수업혁신 과 교육과정 재구성 활동으로 평판이 있는 학교이기 때문에 교육과 정 운영에 대해서는 직접 관여하기보다는 교사들과 협업하고, 학생

들의 다양한 경험과 성장의 질을 모색하기 위한 '추가적 기획'이 필요한 경우, 교육실천을 위한 지원을 넘어서 마을과 연계된 특정 교육 활동을 적극적으로 기획하고 교사들에게 제안한다.

이제 많은 교장들이 교장실을 나와 현장과 지역사회에 참여하고 있다. 명령과 문서 행정의 틀에서 벗어나 현장지원과 현안 타개를 위해 적극적으로 행동하고 있다. 추운 날씨에도 아침 교문에서 학생들을 맞으며 매일매일 빈곤과 같은 가정적 배경에서 파생하는 문제 즉 학생의 문제행동과 학습복지를 파악·해결하려고 노력하고 있다. 문제해결을 위해 행정의 문턱을 넘어 학교 거버넌스를 구축하고 있다. 지역사회의 자원을 찾아 망網을 구성하고 학생의 학습과 복지를 연결하기 위해 분투하고 있다.

학교를 보는 여러 관점이 있다. 효율성을 중심으로 한 관료제가 대세였지만, 느슨한 결합체제나 조직화된 무정부 상태 심지어 쓰레기통 모형으로 보는 시각도 있다. 지금은 교육을 생태계로 봐야 한다는 은유가 퍼지고 있다. 생태계란 살아 있는 유기체 간의 상호작용이 이루어지는 장이다. 생태계 안에서는 선이 없다. 교육생태계로 사고하기 시작하면 학교를 포함한 모든 사회 단위들이 변화의 주체라는 것을 인정해야 한다. 교육도 학습도 별도의 개념이 아니다. 가르치는 자도 배우는 자도 따로 없다. 함께 배우고 서로 가르친다. 학교 자체도 하나의 독립적 생태계이며 학교를 포함한 큰 단위의 사회도 생태계이다. 혁신교육은 학교 밖 학습의 속성에 대한 성찰을 바탕으로 학교 안의 학습 현상에 새로운 인식과 교장과 교사의 역할에 대한 새로운 고민을 요구한다. 접속, 연결, 함께진화(coevolution)의 사고가 절실해지는 것이다.

선을 넘는 행위는 불안정하고 때로는 위험한 일이다. 본인의 정체성을 훼손하는 위험을 감수해야 한다. 선 안에 남아 있는 동료의 비난도 각오해야 한다. 그럼에도 불구하고, '너 잘 났어!', '배신자' 등의 비난을 무릅쓰고 선을 넘을 때 변화가 시작된다. 권력과 부와 평안이 보장되는 궁궐 담장을 넘어온 싯다르타가 있었기 때문에 대중은 티끌 세계의 안개 속에서 한 줌의 위안을 얻었고, 보통 의사의 선을 넘어온 장기려 박사와 「민중의 의사」를 쓴 마이클 샤디드 같은 분이 있었기 때문에 의료보험제도를 얻게 되었다. 관례와 관행의 평온한 선을 넘어 끊임없이 혁신의 지평을 열어가는 교장들이 많아야 교육이 산다. 나라의 앞길은 교육에 있다. 선을 넘는 교장들을 응원한다.

혁신학교와 학교자치

혁신학교가 실험학교는 아니지만, 몇 가지 실험적 조건을 법적으로 허용하는 학교인 것은 맞다. 바로 자율학교라는 법적 성격이며, 대표적인 것이 교육과정 구성권과 인사권의 제한적 자율성이다. 여기에 민주적 의사결정의 자율권을 포함하면 일반 학교에 비교해 소박한 수준이나마 학교자치의 조건을 갖추었다고 할 수 있다.

사실 학교자치라는 말은 최근에 와서 많이 쓰이는 대중적인 용어가 되었지만, 아직까지 그 개념과 범위에 대한 합의는 없는 실정이다. 교육행정을 지방자치단체의 하부 사무 기능으로 보는 다른 나라와 달리, 우리나라는 오랫동안 교육의 자주성과 전문성을 내세워 전문적 교육자치를 내세우고 있다. 그러나 지방교육청의 독립성을 보장할 뿐 교육자치의 본질인 교육에 대한 주민 통제와 학교와 교원의 자율성 보장을 실현하지 못하고 있다는 비판도 동시에 받고 있다.

교육을 지방자치단체의 하부 기능으로 보는 외국의 교육자치 이론을 세심하게 구별하지 않고 사용하다 보니 학교자치에 대한 학문적 개념의 혼란이 일어난다. 외국에서는 대부분 학교가 하나의 자치 단위로 인정되며 권한의 주체는 학교운영위원회다. 교사와 교장의 임명권을 가지고 있는 학교운영위원회가 채용과 해고, 교육과정 결정을 주관한다. 다만 학교운영위원회의 구성과 운영을 어떻게 할지는 나라마다 주마다 학교마다 차이가 있다. 학교운영위원회는 교사와 학부모와 주민으로 구성되어 있는데 그 구성의 비율과 운영의 방식은 학교마다 다르다. 교사 중심의 전문가주의로 갈 것인지 학부모나 납세자인 주민의 지역(또는 민중) 통제가 더 강화될 것인지는 나라와 지역마다 다르다. 우리처럼 지방교육청이 교사와 교장을 채용하고 몇 년 단위의 순환 근무를 하게 하는 학교체제와는 근본적으로 달라서 외국의 이론을 우리나라에 그대로 적용하는 것은 문제가 있다.

미국에서 한때 학교책임경영제도school based management, SBM라는 것이 교육학에서 유행했던 때가 있다. 1990년대에 미국에서 크게 연구되고 2000년 전후로 우리나라에 소개되기 시작한 SBM은 교직원 인사, 학생행정 및 활동, 교육과정, 시설・설비, 재정관리의 영역 안에서 자치의 원리, 효과성의 원리, 개성화의 원리에 따라 학교를 경영하고 온전한 책무성을 이행해야 한다는 것이 요체라고 할 수 있다. 이것보다 한 발 더 나간 것이 헌장학교charter school인데, 미국식의 지방자치제도와 학교자치를 전제로 한 이러한 경영학 이론을 물적, 행정적 토대가 다른 우리나라에 도입하려고 한 시도는 크게 성공하지 못했다. SBM을 도입하려고 시도한 학자들과 교육연구기관의 기대와는 달리, 성공할 수 없었던 것은 이러한 경영기법을 우리 교장들이 이해하지 못해서가 아니라 그러한 것들을 실행할 수 있는 실질적인 권한도 없고 이를 수용할 수 있는 학교문화도 형성되지 못했기 때문이다.

2019년부터 각 교육청은 앞다투어 학교자치 조례를 만들고 학교자치의 정신과 내용을 전파하기에 한창이다. 내용을 살펴보면 학교의 각종 문제에 대한 민주적인 의사결정 과정을 강조하는 것이 핵심이다. 법적, 제도적 정비와 확장 없이 지금까지 강조해 왔던 학교민주주의 정책의 연장이라고 할 수 있다. 자치의 핵심이 분권이라면 학교가 분권의 주체가 되어야 하는 것은 맞다. 다만 분권이 정치적 수사修辭가 되지 않으려면 학교 단위의 자치권에 대한 법적 권리가 확보되어야 한다. 또한 지방자치가 단체자치의 의미를 넘어 시민적 참여의 통로가 확대되는 것이 옳다면, 시민이 참여하는 자치의 주체로서 지역주민, 학부모, 교사, 학생의 교육권에 대한 명확한 선언과 참여권을 보장하는 방법을 구체화하는 것이 필요하다.

또한 학교자치의 영역과 범위를 명확히 해야 한다. 흔히 학교자치의 하위 영역으로 정치·행정의 자주성, 교육과정 결정의 자주성, 재정의 자주성, 인사의 자주성이 거론되고 있으나 범위와 정도에 대해서는 나라마다 상황에 따라 달라질 수밖에 없다. 따라서 우리 실정에 맞는 범위와 한계를 정하는 것이 필요한 것이다. 이념형과 현실태가 항상 같지는 않다. 학교자치의 이념형은 제시할 수 있으나, 현실에 적용하는 것은 구체적인 상황이 달라 나라마다 달리 반영될 수밖에 없다.

우리나라에서 학교자치의 모습은 2009년 혁신학교가 도입되면서 나타나기 시작했다. 2009년 13개로 시작한 혁신학교는 2020년 2학기 현재 초등학교 468교, 중학교 246교, 고등학교 87교, 총 801교가 되었고 이제 경기도를 넘어 전국으로 퍼져가고 있다. 지정된 혁신학교가 모두 성공적인 것은 아니다. 잘 되는 학교가 있고 더디게 진행되는 혁신학교가 있는데, 그 차이는 학교자치를 구체적으로 어떻게 구현해냈는가에 달려있다. 잘 되는 혁신학교는 법이 보장하는 20%범위 내에서 지역적 여건과 학교의 필요성과 구성원의 욕구에 따라 교육과정 편제를 편성하고 또 그 안에서 최대한으로 교과 교육과정을 재구성하여 그 학교만의 특색있는 교육과정을 구성하였다. 이 과정에서 때로는 이견과 갈등을 드러냈으나, 드러난 갈등을 해결하면서 큰 틀의 합의를 끌어내는 학교의 민주적인 의사결정 구조를 만들어냈다. 이러한 경험들을 바탕으로 결과 중심의 총괄평가 체제에서 벗어나 성장 지향적인 과정 중심적 평가제도로 시험제도를 개혁했다. 혁신학교 성공의 원인으로 빼놓을 수 없는 또 하나의 제도가 교장공모제도이다. 교장공모제도가 완벽한 선이라는 것도 아니고 공모교장들이 모두 기대한 대로 업무를 수행했다고 볼 수도 없지만, 새로운 학교문화 조성과 민주적인 학교체제를 만들어가는데 크게 기여한 것은 부인할 수 없다. 성공한 대부분의 혁신학교에는 자격증 유무와 관계없이 개방된 공모교장제도가 있었기 때문이다. 공모교장제도는 교장의 임명권이 학교에 있는 것은 아니지만, 교장의 선출권을 학교 구성원들에게 돌려줌으로써 부분적이나마 자치적 인사권을 어느 정도 실현한 것이라고 볼 수 있다. 이번 코로나 사태에서도 학교자치 능력이 있는 학교는 학교 실정에 맞게 예측 불가능한 상황에 순발력 있게 대응함으로써 재난위기에 따른 중앙집권적 행정이 아니라 작은 단위의 자치의 필요성을 증명했다.

혁신학교 10년의 성과는 이제 혁신학교를 넘어 전반적인 교육혁신을 위한 독립된 프로젝트로 성장해 나가고 있다. 지역사회와의 협업은 마을교육공동체로, 권한위임과 자율경영체제는 학교민주주의로, 창의적인 교육과정 운영은 교육과정 재구성과 과정 중심의 성장형 평가체제, 교육과정-수업-평가-기록(교수평기)의 일체화라는 순환적 교육과정 모형의 완성으로 진화해가고 있으며, 이런 교육 프로젝트는 전국화되어 가고 있다. 따지고 보면 이러한 성과들은 제한적인 형태지만 학교자치의 공간이 열렸기 때문에 가능한 것이었다고 할 수 있다. 따라서 혁신학교에서 이룬 이러한 성과를 일반 학교로 파급하기 위해서는 일반 학교에서 학교자치의 범위를 넓혀갈 필요가 있다. 점차 공모제도와 기회가 확대되고 있음에도 불구하고 일선 학교에서 인식 부족과 업무 과잉, 이로 인한 몸사림으로 학교 인사권의 긍정적 확대로 볼 수 있는 교장공모제도가 활성화되지 못하는 것은 아쉬움이 큰 부분이다. 자치제도가 관료적 행정지배를 막기 위해 시작된 것이라면 평교사들에게도 기회를 주는 내부형 공모제의 문을 더 열어줄 필요도 있다. 학교자치가 교장자치가 되지 않기 위해서는 학교 안의 민주적 의사결정체제와 집단지성의 문화조성도 필요하다. 학교의 민주적 통제를 위해 도입된 학교운영위원회의 학부모와 교사, 지역주민의 구성 비율이 적절한지도 다시 검토되어야 하며, 그 기능과 권한의 확대에 대한 논의도 필요하다. 학교자치가 민주성과 효율성을 동시에 가져오는가에 대한 비판적 점검과 함께, 무엇보다 학교자치가 누구에게 이로울까 하는 개인별, 집단별 이해관계의 관점이 아니라, 공익과 교육적 정의의 차원에서 학교자치의 확대와 실현 방법을 논의하는 열린 자세가 필요하다.

혁신학교의 지속적 성장을 위한 조건

역사는 선형線型으로 진화하지 않는다. 혁명 뒤에는 반동反動이 따르고 반동의 진폭 뒤에 더 큰 진전이 있다. 진퇴 우여곡절의 역사적 경험을 겪으면서도 자유가 확대되어 간다는 헤겔의 진보적 세계관이 옳다고 믿는다. 세계가 이렇듯 민주주의 정치와 정책 또한 이런 궤도에서 크게 벗어난다고 말할 수는 없을 것이다.

약 10여 년 동안 비약적으로 성장한 혁신학교 정책은 급진적 속도와 전파범위를 보면 정책이라기보다는 운동에 가깝다. 혁신학교는 2009년 경기도의 빈곤 지역 소재 13개 학교에서 시작하여 2020년 9월 1일 현재 경기도 801개교, 몇 개를 제외한 전국 대부분의 지방 교육청에서 시행되고 있다. 시행 학교의 수가 문제가 아니라 혁신학교의 영향력은 단위학교를 넘어 학교혁신, 교육혁신의 더 큰 단위의 주제와 프로젝트로 진화되어 가고 있다.

혁신학교의 급속한 성장은 긍정적 평가를 받을 수 있지만, 급격한 속도 안에는 간과할 수 없는 위기의 요소도 담겨 있다. 모든 것이 그렇듯이 잘나갈 때 조심해야 한다. 질의 담보 없는 양적 확대는 위기를 불러올 수 있다. '무늬만혁신학교'라는 비아냥은 해당 학교를 넘어 혁신학교 정책에 대한 신뢰를 위협할 수 있다. 신뢰라는 사회적 자본은 정책 성공의 필수요소이다. 교직원이나 학부모의 동의율이 50% 이하인데도 신청만 하면 추진 능력에 대한 점검 없이 지정해 주거나, 단위학교의 자발성 여부와 관계없이 교육장이나 교장의 의

지로 교육지원청 산하의 모든 학교를 혁신학교로 지정하는 사례는 재고되어야 한다. 이제 시작하는 다른 도 교육청은 몰라도 10년 이상 정책을 유지하고 있는 경기도의 경우 단위학교의 피로도가 누적되고 있어서 입증할 수 있는 성과가 쌓이지 않으면 쉬이 국민들의 외면을 받을 수도 있다.

초기에 비하면 혁신학교의 지원체제도 많이 약화되었다. 역차별이라는 말을 들을 정도의 재정적 지원과 학급당 학생 수 감축이라는 행정적 지원은 더 이상 존재하지 않는다. 혁신학교 수가 적을 때의 교육청 차원의 컨설팅 및 평가체제도 이제는 잘 작동되지 않고 있다. 일반 학교도 지금은 돈이 없어서 하고 싶은 일을 하지 못하는 정도는 아니다. 혁신학교가 증가함에 따라 학교 현장의 요구에 보다 탄력적으로 대응하기 위하여 교육지원청으로 지원 업무를 이전하고 있는데, 교육지원청의 혁신학교 지원 업무는 한계가 있고, 담당자의 혁신 역량은 현장에서 의문을 받는다. 교육지원청의 혁신역량과 혁신학교 지역 네트워크의 운영이 형식적이거나 부실하지 않았는지도 점검되어야 한다. 혁신학교 사업의 지역화를 유도하기 위해 교육지원청별로 지역 혁신교육 포럼을 구성, 운영하고 있다. 이것이 의도대로 효과를 발휘하고 있는지도 확인되어야 한다. 지역 단위에서는 혁신학교의 일들이 교육지원청과 지방자치단체 간의 업무 중첩성으로 인하여 꼬이기도 하고, 지방자치단체의 자치적 업무 의지와 교육지원청의 행정적 업무 사이에서 갈등이 발생하기도 한다. 학교와 학부모는 지역에 있고, 시장은 지역에서 살고 지역의 대표지만 교육장은 발령 받아와 2년이 지나면 갈 사람이라 시장만큼 지역 문제와 지역적 요구에 민감하지 않은 것이다.

무엇보다도 초기 혁신학교에 있었던, 교육의 변화에 대한 열기와 헌신적인 복무 자세가 지금 혁신학교에도 남아 있는가 점검해야 할 일이다. 전에 비해 교원들의 열기가 식었다면 그 이유가 무엇인지 찾아내야 한다. 교사들에게는 근무환경, 노동조건 등 위생요인도 중요하지만, 교육과 학교의 변화에 기꺼이 동참하고자 하는 동기요인이 중요한데, 학교 안에 이를 위한 조건들이 구축되고 있는지, 아니면 뜨거웠던 열심을 식히는 요인이 무엇인지 살펴보아야 한다. 교사의 자발성을 이끌어낼 수 있는 민주적인 의사결정 과정과 문화가 형성되고 있는지 점검해야 한다.

정책도 일생이 있다. 의제 설정부터 종결까지 일련의 정책 과정을 거친다. 자연스럽게 소멸되는 것도 있고, 종결되는 것도 있다. 기간을 정해서 시작하는 정책도 있고 그렇지 않은 경우도 있다. 하나의 정책이 성공하기 위해서는 의제 설정부터 정책 결정, 정책 집행과 평가과정에 대한 면밀한 분석과 보완 절차가 필요하다. 특히 종료 기간 없이 계속적으로 효과를 발휘해야 하는 정책은 총괄평가에 의존하지 말고 정책이 진행되는 동안 지속적인 과정평가와 영향평가와, 평가결과를 피드백하는 과정을 점검하는 것이 중요하다. 교육 분야 정책이 대표적인데 학교를 세워두고 평가를 진행하거나 문제를 고치기 위해서 학교 문을 닫을 수는 없는 것이다. 정책 집행은 정책 결정 내용을 행정적으로 실천하는 단계이다. 정책 결정에서 세세한 규정을 제시한다고 하더라도 정책 집행 과정에서 적지 않은 행정재량discretion이 발생하기 때문에 정책은 진행되면서 약간씩 수정과정을 거치게 된다. 정책은 정책이 집행된 후 또는 진행 과정에도 지속적인 평가를 통해 의문 사항을 확인하거나, 또는 정책이 미치는 파급효과를 사전에 계속적으로 분석해야 한다. 정책평가에서 가장 중요한 것은 정책 결정 단계에서 설정한 목표를 집행단계에서 달성했는지의 여부, 즉 예상한 실행 수준과 달성된 실행 수준의 차이를 확인하는 것이다. 과거와는 달리 지금은 정책 집행과 평가에도 거버넌스를 강조하고 있다. 전통적인 이해당사자인 기업, 각종 이익집단뿐 아니라, 노조와 다양한 시민단체, 일반시민들도 정책 집행과 평가단계에 참가시킨다. 일반시민으로부터 여러 비판과 의견을 수렴하기도 하고, 반대로 정책의 필요성을 설득하거나 정책의 효과성을 검증하기도 한다. 일반시민들의 의견은 언론이나 NGO를 거쳐 간접적으로 반영되기도 하고, 여론조사나 공청회를 통해 직접 전달되기도 한다.

지금까지 혁신학교 정책도 집행단계별 평가를 거쳐 여러 차례 수정과 변형을 거쳐왔다. 우선 단위학교는 지정 2년 후에 중간평가를 하고 사업 종료 만기인 4년째 최종평가를 받아 재지정 여부를 신청하게 되어 있다. 이 평가과정에서 학생, 교사, 학부모의 만족도를 조사하게 되는데, 혁신학교의 지속적 성장을 위해서는 4년 단위의 평가과정과 재지정 과정에 대한 엄격한 점검이 필요하다. 질의 담보 없는 양적 팽창은 성공할 수 없다. 혁신학교 지정·운영·평가 등을 포함한 혁신학교 정책은 경기도교육청 혁신학교 운영지원 조례에 근거한

'경기도혁신학교위원회'에서 심의하고 결정한다. '경기도혁신학교위원회'는 교육청 일부 국·과장들이 당연직 위원으로 참여하고 일선학교의 교원(교장이나 교사), 의회 의원, 학부모 대표와 시민단체 대표들이 위촉직 위원으로 참여한다. 혁신학교의 지속적 성장을 위해서는 혁신학교 현장의 목소리를 듣고, 교육적 당면과제와 시대적인 요청과 장기적인 방향의 혁신학교 진로를 잡아가는 정책 단위로서 '경기도혁신학교위원회'의 정책 역량과 함께 그 위상이 보강되어야 한다. 이를 위해 혁신학교 진행 과정의 모니터링 시스템과 정책 거버넌스체제를 구축해야 한다. 혁신학교 정책도 정책평가 주기를 정해 세밀한 평가와 함께 진로를 수정해가는 과정이 필요하다. 이 과정에서 교육 관료들의 전문성 제고뿐 아니라, 학교 현장의 목소리를 듣고 학교 밖 이해당사자들의 의견을 적극적으로 듣는 과정이 요청된다. 정책은 동태적으로 변동된다. 소멸 또는 종결되거나 계승될 수 있다. 계승되는 과정에서 쇄신되거나 수정되는 과정을 거친다. 진행되면서 하위 사업들이 분리되어 나가거나 다른 프로젝트와 통합될 수도 있다. 혁신학교 정책이 마을교육공동체나 미래학교 정책과 통합될 수도 있다. 다만 중요한 것은 정책담당자의 관료적 추진방식이 아니라 학생의 교육적 이익을 중심에 두고 학교 현장과 다양한 교육이해관계자들의 참여를 보장하는 것이다.

혁신학교 정책도 최고 결정권자인 교육감이 바뀌면 종결 또는 수정될 수 있다. 혁신학교가 소기의 성과를 내지 못하면 스스로 폐기될 수도 있다. 결국 혁신학교의 지속 여부는 혁신학교 자체에 달려 있다. 확실하게 성장하고 반박할 수 없는 성과를 학부모와 주민 등 교육이해당사자들에게 지속적으로 보여줌으로써 존재 이유를 각인시켜야 한다. 민주주의는 목소리의 정치다.

수능시험은 폐지되어야 한다

　오늘은 수능일이다. 수험생들과 학부모들은 지난 3년 동안의 긴장과 불안에 대항하고 총력 집중하여 하루를 견딜 것이다. 교육청의 주요 관계자들은 자기 업무를 제쳐 두고 시험지 보안으로 밤을 지새워 종일 쏟아지는 졸음과 하품에 시달릴 것이고, 전국의 시험장 학교는 행여 있을지 모르는 시험 과정의 오류와 아침까지 별 탈 없던 방송이 혹시라도 갑자기 꺼질지 몰라 전전긍긍할 것이다. 교사들이 감독으로 대거 차출된 중·고등학교들은 문을 닫을 것이고, 그 밖의 공공기관과 회사들은 출근 시간을 10시로 늦출 것이다. 영어 듣기평가 시간에는 소음을 유발하는 일체의 공사가 중단될 것이며, 심지어 비행기도 이착륙 시간을 조정할 것이다. 기도발이 세기로 유명한 전국의 명산대찰은 엎드린 인파로 넘치고, 교회와 성당의 촛불도 새벽부터 저녁 때까지 길게 이어질 것이다. 유명 사찰을 찾아갈 수 없는 필부필녀들의 소원은 엿가락이 되어 시험장 교문에 붙어 눈부시게 빛날지 모를 일이다. 시험이 끝났다고 해서 끝나는 것도 아니다. 올해도 어김없이 오답 시비는 나타날 것이고 난이도에 대한 논쟁 또한 피할 수 없을 것이다. 시험이 끝나고 나면 시험을 망친 학생들의 비극적인 소식을 또 들을까 학교는 노심초사할 것이고, 코로나 사태 속에서 수험표 마케팅 전략에 따른 소비 진작 후과를 고민해야 할 것이다. 시험 결과에 실망한 학부모들은 코로나 바이러스에 의해 파행된 학사운영에 대한 비난을 쏟아낼 것이고, 전국의 고3 교실은 '수능 이후의 생활지도'로 골머리를 앓게 될 것이다. 감독 교사들과 수험생들이 다들어오면 교문을 굳게 걸어 잠그고 교문 밖을 내다보는 심정은 착잡하다. 전국의 거의 모든 기관의 기능을 하루 동안 정지시키고 대학입학시험을 치르는 나라가 우리 말고 또 있을까? 이런 시험제도를 언제까지 계속 유지해야 할까? 대학교육에 대한 맹목성과 함께 수능시험은 수행하는 기능 이상으로 물신화되어 있다. '방 안의 코끼리'다.

　수능시험은 원래 "▶ 대학교육에 필요한 수학 능력의 측정으로 선발의 공정성과 객관성 확보 ▶ 고등학교 교육과정의 내용과 수준에 맞는 출제로 고등학교 교육의 정상화 기여 ▶ 개별 교과의 특성을 바탕으로 신뢰도와 타당도를 갖춘 시험으로 공정성과 객관성 높은 대입 전형자료 제공"(www.suneung.re.kr.)을 하는 데 목적이 있다. 과연 수능시험은 이러한 목적 가치를 충분히 실현하고 있는가? 선발의 변별력 말고 공정성을 담보하는가? 수능으로 고등학교 교육이 정상화되고 있는가? 「대한민국의 시험」 저자 이혜정은 다음과 같은 이유에서 수능시험제도는 실패했다고 비판하고 있다. 첫째, 수능은 5지 선다형 문항이다. 이로 인해 본질은 단순 객관식이면서 암기형이라는 비판을 피하려다 보니 문제가 이중 삼중 사중으로 꼬이고 비틀려 있다. 선택지의 유사성 가운데 미묘한 차이를 찾아내는 것이 우수한 능력으로 평가받는다. 창의적 사고력과는 관계가 없다. 둘째, 적용할 공식이나 이론이 전제되고 특정한 조건이 주어져 있는 상황에서 답을 찾아내야 한다. 셋째, 시험 문제는 외부로부터 철저히 차단된 채 해결해야 한다. 넷째, 답이 하나로 정해져 있고 실수와 실패를 허용하지 않는다.

그런데도 수능은 상대적으로 공정한 시험제도라는 인식이 팽배하다. 교육부는 여론의 지지로 2023년까지 서울 주요 16개 대학의 수능 비율을 40%까지 올리도록 강제하고 있다. 이른바 '대입 공정성 확대 방안'이다. 학생부종합전형(학종)의 비교과 영역에는 부모 등 외부 배경이 동원될 가능성이 있으나, 수능은 본인의 노력에 따라 성적이 나오는 것이므로 보다 객관적이고 공정하다는 것이 근거다. 이러한 여론은 60년대, 70년대 중반생인, 지금 입시생 부모들의 자수성가식 입시성공 경험에 기반한 것으로 볼 수 있으나, 중산층이 세습되고 있는 현재 상황에서 사교육을 포함한 입시생들의 학습 기회를 고려하면 수능성적이 탈계급적이고 공정하다고 볼 수는 없다. 오히려 성공한 부모들의 영향으로 특목고나 자사고에 진학한 자녀들은 수능 고득점자가 될 가능성이 높다. 엄격히 말하면 학종과 수능 사이의 공정성 시비는 일반 학생들의 이야기가 아니라, 상류층과 중상류층 간의 계급적 충돌로, 다분히 강남권 학부모를 의식한 것이다. 정시가 재수생의 리그라는 것, n수가 사교육의 토대 위에 있다는 것을 알게 되면 정시가 공정하다는 말을 할 수 없을 것이다. 모두가 허위의식에 빠져 있다. 눈앞에 벌어지고 있는 일이 누구의 문제인지, 무엇이 진짜인지, 가짜인지 모른다.

수험생의 시험 부담 경감을 위해 도입한 EBS 연계 70% 출제의 문제도 넌센스다. 수능이라는 국가시험제도를 유지하기 위한 고육책이며 고등학교 교육 정상화에 대한 역행일 뿐 아니라 결과적으로 전국의 고등학교를 EBS에 예속시키는 코메디 같은 제도이다. 이런 억지를 동원하면서까지 수능제도를 유지해야 할지 의문이다. 공정성 확보와 기회균등이라는 명분에 의해서 시험의 목적 타당성을 희생시킬 수는 없다.

무엇보다 수능시험을 재검토해야 하는 이유는 수능을 통해서 대학에 입학하는 학생 수가 감소하고 있기 때문이다. 일반계 고등학교에서 수능으로 대학을 가는 학생이 별로 많지 않다. 따라서 수능의 가성비를 따져보아야 한다. 전국 규모 시험의 실시로 인한 엄청난 경비, 시간, 수고, 시험 불안, 우울증 등 경제적, 정서적 소모에 비해 현실적인 쓸모가 얼마나 되는지 점검해야 한다는 것이다. 주요 대학의 입학정원의 40%를 수능성적으로 뽑는다고 하더라도, 현실적으로 일반계 고등학교에서 수능으로 진학하는 비율은 10% 내외에 불과하다. 불합격자를 고려하더라도 이용률은 20% 남짓이다(도시는 이보다 다소 높고 농촌은 이보다 훨씬 낮다). 나머지 학생들은 성적 상위층 학생들의 등급 설정에 자신을 깔아주는 역할을 하고, 일반계 고등학교는 수능으로 진학하는 특목고나 자사고의 들러리 역할을 할 수밖에 없는 게 현실이다.

2025년부터(경기도는 2022년) 고교학점제가 실시된다. 고교학점제는 학생의 진로 적성을 고려한 과목 선택권 강화, 입시 중심에서 학생 성장 중심으로, 수직적 서열화 체계를 수평적 다양화된 체계로 전환하는 것을 목적으로 한다. 이를 위해 수업, 평가의 개선, 대입제도의 개선 등을 연계 추진하고자 하나, 현행 수능시험 방식을 유지하게 된다면 학생의 교과 선택권은 점수 따기 좋은 과목의 선택으로, 수업과 평가는 기대와 달리 주입 암기식에 벗어날 수 없게 되어 고교 학점제의 근본 취지를 한 번 더 왜곡 변질시킬 가능성이 있다. 시험제도 최상단의 수능시험이 교육 효과를 측정하는 본래 목적에서 벗어나 교육내용과 학습과 수업 방법을 규정하기 때문이다. 평가방식을 찔끔찔끔 개선하기보다 평가의 프레임을 다시 짜야 한다. 초등학교와 중학교까지 퍼진 수업 혁신은 고등학교 교문 앞에 멈춰있다. 일부 고등학교에서 이룬 수업 개선의 성과는 입시제도 앞에서 쭈뼛거리고 있다. 현행과 같은 수능시험제도로는 고등학교의 교수법과 교육과정과 교육내용을 혁신해낼 수 없다.

일본은 '대학입시센터시험'을 폐지하고 IB로 전환하고 있다. IB 교육과정으로 창의성과 집단과정 학습의 효용성을 도모하려는 것이다. IB 교육과정은 전체 교육의 과정을 리셋하는 것이기 때문에 적응과정에서 단기적인 혼란을 불러올 수 있다. 공정성 측면에서도 논란이 있을 수 있다. 수능을 대체할 시험제도가 꼭 IB여야 한다고 하는 것은 아니다. 독일의 아비투어(Abitur) 같은 고등학교 졸업시험과, 대학별 입시 같은 단순 트랙도 고려해볼 필요가 있다. 입시는 원래 대학의 일이지 않은가? 대학을 못 믿겠다고? 자율성 보장과 함께 감사와 지원제도를 강화하면 된다. 입시가 어떻게 바뀌든 사교육의 영향은 약화되지 않을 것이다. 사교육을 활용하여 자녀의 입시를 기획하고 준비할 수 있는 계급의 존재는 사라지지 않을 것이므로, 시험제도로 사교육을 잡겠다는 허망한 생각을 버려야 한다. 국가가 해야 할 일은 사교육을 억제하기보다는 공적, 사적으로 교육 기회를 충분히 누릴 수 없는 계층에게 '결손의 보완조치'를 해주는 일이다. 통계청 조사에 의하면, 대학진학률은 2008년 83.8%를 정점으로 2017년 68.9%대로 하강하기 시작했다. 많은 돈을 들이고도 회수율이 낮은 생산성 없는 고등교육을 거부하고 새로운 활로를 찾고 있는 것으로 보인다. 학생 수도 급감하고 있다. 앉아서 학생 고객을 받을 수 없는 시대가 오면 대학이 변하지 않을 수 없을 것이고, 대학의 문이 널리 열려 있으면 사교육 시장도 조정될 것이다. IB, 또는 전국의 혁신학교에서 시도하고 결실을 맺고 있는 혁신적인 수업 활동이 고등학교에 도입되고 일반화된다면 진학자뿐 아니라 비진학자, 등급이 낮은 대학의 학생들에게도 4차산업혁명 시대, 미래 시대의 삶의 방법과 기술을 향상시키는 데 도움이 될 것이다. 수능은 1994년에 도입되어 약 30년 동안 유지된 오래된 입시제도이다. 그동안 세상은 많이 변했고, 급변하는 시대가 대안을 요구하고 있다. 수능시험은 '방 안의 코끼리'인가? 아니면 집단적 '허위의식'인가? 어느 것이라도 드러내지 않으면 깨지지 않는다.

사교육 대신 노후준비

대학이 블랙홀이다. 대한민국에서 모든 길은 서울로 통하듯 대한민국 교육은 '인 서울 대학'으로 향하는 신작로 위에 있다. 초·중·고등학교 단계별 교육목적 같은 것은 이제 없다. 블랙홀 입구는 언제나 수많은 인파로 붐비는 병목이 되고 여러 가지 혁신적 교육활동은 여기서 멈춘다. 블랙홀은 대학의 서열을 따라 미로로 바뀐다. 수능이라는 병목을 통과하고 서열 높은 코스를 누가 먼저 잡느냐 하는 것이 생존의 비법이다. 좀 더 찬란한 문을 통과하기 위해서는 특별한 통행권을 확보해야 하고 우선통행권을 확보하는 우월전략이 사교육 활용법이다. 사교육은 국민 모두에게 주어지는 공통의 교육 기회에 '플러스 자구책'의 측면이 크지만, 국민 일반뿐 아니라 선택한 부모나 학생에게도 심각한 고통을 주고 있다. 개념도 명확하지 않은 사교육의 주술 속에 나라가 춤추고 있다. 오죽하면 입시경쟁과 사교육 고통을 해결하기 위해 〈사교육걱정없는세상〉을 꿈꾸는 시민단체까지 등장했겠는가?

사교육이란 공교육과 대치되는 개념으로 보통 학교교육을 제외한 모든 교육을 말한다. 대표적인 것이 가정교육과 사회교육이지만, 우리가 문제적 개념으로 사용하는 사교육은 입시 관련 과외 및 학원교육을 일컫는다. 정부가 해마다 작성하는 사교육비 통계도 학원, 개인과외, 그룹과외, 방문학습지, 인터넷 및 통신강좌 등을 대상으로 하고 있다. 사교육과 관련하여 우리가 주목하는 문제는 크게 공교육과의 관계 또는 영향력, 사교육의 효과성, 사교육비 부담 세 가지라고 할 수 있다.

첫째, 정부는 지금까지 사교육을 공교육과 대립하는 것으로 보고 공교육을 보호하고 사교육을 규제하려는 정책을 집행해오고 있다. 1980년 7·30 교육개혁조치의 하나인 과외전면금지정책이 대표적인데, 이후에도 '학교교육 정상화', '공교육 정상화' 또는 '사교육비 경감대책'이라는 명목으로 EBS 수능강의 서비스(2004), 수시적 행정지도 등 사교육 팽창을 억제하려는 정책을 폈다. 그러나 국민들은 사교육을 공교육의 보완재 또는 대체재로 인식하고 이를 적극 활용함으로써 정부의 의도를 무력화하고 있는 실정이다. 울며 겨자 먹기 식으로 참여하든 좀 더 유리한 기회를 포착하기 위해 능동적으로 참여하든 누구 할 것 없이 사교육은 국민의 일상생활의 한 조건이 되었다. 이제 사교육은 시장에서 수세적인 역할을 넘어 거대한 상장기업이 되었고, 입시제도가 어떻게 변하든지 학습코칭, 학습코디네이터, 생활기록부 기재 대응, 정시 및 수시 학종 등 대입전략 컨설팅을 주도하여 자기 시장을 키울 만큼 독자적인 세력이 되었다. '공교육 정상화법'(2014)에서 학교에서 선행교육을 금지하자 학원은 오히려 선행교육을 파고듦으로써 공부는 학원에서 하고 잠은 학교에서 자는 행태를 만들어 내기도 하였다. 학교는 학원처럼 입시기관이 아니기 때문에 학원과 경쟁할 대상이 되지 못하며, 교육을 입시로만 생각하는 학부모가 존재하는 한 사교육 시장은 멈춰 세울 수 없다.

둘째로, 사교육의 효과성인데, 여기에는 정반대의 주장이 있다. 학원 보내는 부모가 바보냐며 성적향상에 도움이 된다는 입장과, 시간·비용 대비 효과가 없는 공포 마케팅에 불과하다는 입장이 있다. 경험적으로 보면 '학원발'을 받는 학생들이 있고 '학원발'이 오래 가지 않는 학생들도 있다. 초등학교나 중학교 때는 효과를 보다가 고등학교에 와서 빛을 잃는 학생들도 있다. 속칭 강남의 '돼지엄마'들은 사교육의 효과성을 입증한다. 반면, 학원을 참여관찰한 결과, 학교성적 향상에 초점을 맞춘 학원의 철저한 반복학습은 오히려 올바른 지식 습득에 방해가 되며, 투자한 시간, 노력, 비용에 비해 성적이 오르지 않는다는 주장도 있다. 김희삼(KDI, 2011)의 연구에 의하면, 학년이 올라갈수록 사교육 시간 및 비용 투자의 성적향상 효과는 줄어든다, 사교육 시간과 성적은 비례적으로 상승하지 않는다, 과도한 사교육은 효과성이 낮으며, 있더라도 단기적이다, 받지 않아도 성적이 좋을 아이들이 사교육을 받아 성적이 좋아진 것으로 보이는 착시효과가 있다, 사교육보다 자기주도학습이 수능에 효과가 더 높다. '돼지엄마'들의 성공담이나, 주식시장에서 엄청난 수익을 올리는 메가스터디 같은 교육기업에 몰려드는 인파들을 보면 사교육의 효과가 없다고 할 수는 없다. 다만 사교육을 받고 안 받고를 떠나 단순히 대신 읽고 대신 생각해 주고 '쌈빡하게' 머리에 집어넣어 주기까지 하는 '일타강사'의 문제풀이식 공부를 넘어 자기 공부가 결합한 방식이 아니면 '배움'과 교육효과는 없을 것이다. '생각' 없이 공부의 절대량에만 의존하는 반복학습이 아니라, 자발적 학습계획과 실행을 점검하고 스스로 읽고 이해하는 능력을 기른다면 학교나 학원 어디에 있든 상관

없이 학습에서 성공할 것이다.

  셋째로, 사교육이 문제가 되는 가장 현실적인 이유는 국민의 경제적 부담 때문이다. 2001년 약 10조 정도 되던 사교육비 총규모가 2007년에 20조로 증가하고, 이후 20조 안팎을 오르내리고 있다. 통계청(2020. 3.10)에 의하면 2019년 사교육비 총액은 약 21조원이었다. 이는 대략 공교육비의 1/3수준으로 전년도 대비 7.8% 증가한 수치다. 사교육 참여율은 74.8%, 주당 참여 시간은 6.5시간, 전체 학생의 1인당 월평균 사교육비는 32만 1천원, 참여 학생 1인당 사교육비는 42만 9천원, 고등학교 참여 학생의 사교육비는 59만 9천원, 고등학교 3학년 참여 학생은 62만 9천원이었다. 일반교과에 참여하는 학생의 경우 영어 21만 3천원, 수학 19만 1천으로 영어, 수학의 비용이 높았다. 사교육의 목적은 일반교과의 경우, 학교수업 보충 (48.5%), 선행학습(22.9%), 진학준비(15.8%) 순이었고, 예체능의 경우 취미교양 및 재능계발(58.6%) 보육 및 기타(15.6%) 순으로 비중이 높았다. 예체능의 경우 친구를 사귀거나 보육을 위해서라는 항목이 24.3%가 되는 것이 눈에 띈다. 사교육 참여율은 월평균 소득 700-800만 원대에서 87.0%로 가장 높고, 200만원 미만에서 47.0%로 가장 낮으며, 교육비는 각각 46만 4천 원과 10만 4천원이었다. 참여율 85.1%인 800만원 이상 대에서는 53만 9천원으로 교육비가 가장 높았고, 사교육비 증가율은 소득 700-800만원 대 9.7%, 소득 800만원 대 이상 6.6%, 200만원 미만에서 0.5%로, 소득수준이 높을수록 교육비 금액과 참여율이 높아지고 소득이 낮을수록 금액과 비율이 낮아지고 있음을 알 수 있다. 가구의 소득수준이 높을수록, 학생의 성적이 높을수록, 자녀 수가 적을수록, 지역별로 보면 수도권일수록 참여율과 교육비가 높은 것으로 나타나고 있다. 소득이 낮은 계층에서도 반 이상이 사교육에 참여하는 것을 보면 학부모의 사교육 압박감의 강도를 느낄 수 있다. 다른 통계에 의하면, 특목고나 자사고 학생의 사교육비는 일반계 고등학교의 거의 5배에 달하는 것으로 나타나고 있다.

종합해 보면 입시에 대한 사교육 효과는 경제적 상층부와 고성적군을 중심으로 나타나고 있다. 잉여를 가지고 사교육에 투자하는 사람들과 생활비를 쪼개어 사교육에 투자하는 사람들의 회수율은 명백하게 다른 것이다. 사교육에 대한 좀 더 중요한 질문은 입시에 대한 효과가 아니라, 급격한 기술변화에 따라 달라질 미래사회 준비에 효과가 있는가에 대한 것이어야 할 것이다. 인류의 존망이 걸려 있는 코로나 사태에서도 주식과 부동산 시장에 불붙은 머니게임과 마찬가지로, 영업이 금지된 상태에서도 숨을 곳을 찾아다니는 사교육 시장은 자본의 각축장이다. 사교육이 한국적 교육불평등을 부추기고 있다. 사교육을 받을 수 없는 학생들과, 받아도 별 효과를 얻지 못하는 부모들의 심리적, 교육적 열패감을 돌아보아야 한다.

바야흐로 중간숙련 직업들이 소멸하게 되면서 서열이 높은 몇 개의 대학을 제외한 일반대학 졸업생의 실제 편익이 발생하지 않는 기술변화의 시대가 도래하고 있다. 가진 자들과의 머니게임에서 승산이 없다면 차라리 발을 빼라. 약자의 전략이다. 선수가 빠지면 게임은 성립하지 않는다. 대신 공교육 개선을 위해 투쟁하라. 입시에서 왜 공교육은 사교육을 이기지 못하냐고 다그칠 게 아니라, 학교는 '4차산업혁명 시대' 급진적 기술변화에 대비하여 무슨 일을 하고 있는지 질문하라. 이에 대한 교육 인프라 구축을 위해 공교육비 증액과 학급당 학생 수 감축을 요구하라. 학습보충을 강화하고 입시제도를 선진국 수준으로 개선하도록 학교와 정부에 압력을 가하라. 눈앞의 일자리는 흔들리고 노년 빈곤이 예정된 시대에 공연한 불안 심리로 사교육에 발목 잡히면 자칫 중년의 꿈은 도로徒勞가 되고 당신의 노후는 돌이킬 수 없다. 돈도 잃고 노후마저 잃을 수 있다. 자식에 대한 과잉 염려나 기대를 접고 자신의 노후를 위해 국민연금이나 퇴직연금에 사교육비를 투자하는 것이 오히려 자식들의 짐을 덜어주는 길이다. 춤판 한가운데 있으면 홀 안의 움직임을 알 수 없다. '발코니에 올라' 거리를 두어야 판의 흐름을 바로 볼 수 있다.

3부

한국교육의 미래, 시민교육

우리는 어떤 민주주의든 그것이 살아남는데 근간이 되는 '창조적으로 긴장을 끌어안는 마음의 습관'을 키워야 한다. 우리 안의 차이를 생명을 불러일으키는 방향으로 끌어안는 방법을 배울 때 갈등이 민주주의의 적이 아니라, 민주주의의 엔진으로서 보다 나은 사회의 가능성으로 우리를 계속 이끌어간다는 것을 배우게 된다. 가족, 마을, 교실, 일터, 종교 공동체 또는 다른 자발적 공동체에서 마음의 습관을 가르치고 배울 수 있다.

〈파커 J. 파머〉

1장

<<<<<<<<<<<<<<<<<<<<<<<<<<<<<<<<<<<<<<<<

왜 시민교육인가

슬픔을 아우르는 교육

4월에서 6월까지 슬픈 날이 참 많다. 4·3부터 6·25까지. 그 사이에 4·9, 4·16, 4·19, 5·16, 5·18, 6·10이 끼어 있다. 국가폭력, 국가무능, 민주화, 이념갈등, 전쟁 등의 이유로 발단한 사건들이다. 그로 인하여 대한민국은 한 발 뒤로 물러나거나 한 발 더 나아가면서 지금까지 오고 있으나, 우리는 이 굵직한 사건의 이면에서 눈물 흘리며 슬퍼하는 개인들의 존재를 잊거나, 관심을 가지고 이들을 지켜보며 따뜻하게 보듬는 일을 등한시하며 살아왔다.

슬픔은 고통, 상실에서 오는 감정이다. 고통과 상실은 개인적인 것도 있고, 집단적이고 국가적인 것도 있다. 어떤 측면에서든지 고통과 상실을 경험하지 않는 사람은 없고, 따라서 살면서 슬픔을 가지지 않고 사는 사람은 없는 법이어서 각자의 슬픔을 잘 다루고 타인의 슬픔을 이해하고 공감해 주는 일이야말로 삶을 잘 살아가는 길이라고 할 수 있다. 특히 국가적 재난과 폭력이나 희생에서 발생한 일은 더욱 그러하다.

그런데 고통과 슬픔을 심리학이 아니라 사회학적으로 보면 생각해 볼 일이 더 많다. 우선 사람들의 집단적 고통에 대한 반응방식이다. 어떤 사람들은 고통을 피해야 할 대상으로 인식하고 고통이 자신을 피해 가는 경우 안심하고 더 이상 개입하지 않으려 한다. 또 어떤 사람들은 고통을 당하는 사람들에게 연민을 느끼고 자기 책임인 것처럼 함께 울며 고통을 분담하려 한다. 드물지만 또 어떤 사람들은 남의 고통을 자신과 철저히 분리하고 나아가 남의 고통으로부터 이익이나 쾌락을 추구하는 사람도 있다. 국가적인 재난으로 고통과 슬픔을 당하고 있는 사람의 상처를 후벼 파면서 소금을 뿌리는 사람들이 있는 것이다. 다음으로 타인의 고통과 슬픔을 수용하는 방식의 문제이다. 슬픔의 이해는 선천적인 것인가, 사회화 또는 교육의 영향으로 후천적 것인가? 특별한 경우를 제외하고는 타인의 고통과 슬픔을 선천적으로 수용하고 함께 아파한다고 믿지만, 폭력성과 의도성에서 특히 주목해야 할 만한 사건의 슬픔은 문학이나 예술의 범주를 넘어 제도적인 틀 속에서 교육되어야 마땅하다고 생각한다. 홀로코스트의 야만성을 잊지 않고 국가교육의 틀 안에서 기억하려는 독일의 정치교육에서 배워야 하는 이유가 그것이다.

정치교육(민주시민교육)은 민주시민을 양성하는 교육이다. 민주시민은 단순히 민주주의 제도를 이해하거나 선거에 참여하는 인간 이상의 사람이다. 타인의 고통에 둔감하거나 나아가 그것을 이용하여 자신의 이익을 편취하려는 사람이 아니라, 공동의 목적을 협동적인 방식으로 인간적 예의, 공정성, 존중, 공감과 관용 등의 가치를 내면화하고 실천하는 사람이다. 쉽게 말하면 타인에게 고통을 주지 않으려 노력하고, 그럼에도 발생한 공동의 고통과 슬픔을 나누고 해결하기 위해서 노력하는 사람이다. 그런 의미에서 민주시민교육은 사회 구성원의 고통과 슬픔을 이해하고 아우르는 교육이다.

4월에서 6월까지 우리 현대사에서 아프고 쓰라린 사건들이 일어난 날들이 많은 달이다. 미군정 지배 하에서 일어난 이념갈등 속에서 이념과 관계없는 수많은 사람들이 한라산 동굴 속에서 주검으로 바뀐 끔찍한 사건들을 민주화된 제 나라 제 정부가 지배하는 백주대낮에도 꺼내놓고 말할 수 없는 부모자식이 있었다는 사실을 역사 앞에 직면시켜야 한다. 그리고 그들의 시커멓게 탄 슬픔을 위로해 주어야 한다. 군사독재와 사법살인의 역사를 기억하고 희생된 가족들의 피울음을 들어야 한다. 권력 찬탈에 주도적으로 참여하고 부역했던 사람들의 얼굴을 기억하고, 그에 저항했던 사람들의 눌린 마음과 그 가운데 폭도로 몰렸던 사람들의 억울함도 풀어 주어야 한다. 독재에 저항하고 민주화에 참여했다가 다치거나 죽은 사람들과 가족들의 눈물을 닦아 주어야 한다. 전쟁과 국가수호의 전선에서 희생된 사람들, 이념갈등의 와중에 무고하게 희생된 사람들과 가족들의 슬픔을 충분히 위로하는 것도 살아남은 자의 의무이다. 구조할 수 있음에도 불구하고 국가의 무능으로 인하여 가족의 품으로 돌아올 수 없었던 사람들, 어린 학생들과 교사들과 그 부모와 가족의 슬픔을 아울러야 한다. 적어도 그들 앞에서 슬픔을 조롱하고 슬픔을 이용하여 편 가르는 일을 멈춰야 하고 멈추게 해야 한다.

민주시민교육은 우리 슬픈 역사를 국민 앞에 직면화하여 있었던 역사 그대로 드러내고, 숨겨진 역사의 뒤안길에서 희생된 개인과 가족들의 슬픔을 기억하고 이해하는 교육에서 시작되어야 한다. 슬픔을 이해할 수 있는 사람만이 남의 고통과 슬픔을 악용하는 일을 막을 수 있다. 슬픔도 슬픔끼리 어깨를 걸면 새로운 역사가 되기 때문이다.

아! 다시 4 · 16

아! 다시 4 · 16이 돌아온다. 끔찍한 참사가 일어난 지 벌써 6년이 되었지만, 유족들은 아직도 새 봄이 와도 눈부신 벚꽃을 차마 마주볼 수 없고 여전히 진실규명과 책임자 처벌을 외치며 길거리를 떠돌며 갇힌 세월을 살고 있는데, 한 편에서는 "이제 그만하라"며 애써 진상을 외면하려고 하거나, "징글징글하게 해쳐먹고 있다"며 조롱하면서 편을 규합하여 권력으로의 복귀를 꿈꾸는 자들이 있다. 배의 침몰과 함께 국가도 침몰되었다. 구난의 현장에서도, 진실규명의 현장에서도, 진실규명과 책임자 처벌의 법정에서도 국가는 여전히 그 모습을 드러내지 않고 있다. '이게 나라냐!'는 국민의 탄식이 아직도 귀에 쟁쟁한데 촛불정부를 자임하는 현 정부에서도 진실규명을 위한 조사나 수사가 한 발짝도 앞으로 나아가지 못하고 있다.

전원이 구조되었다는 소식을 듣고 안심하고 수업에 들어갔다가 나와 허연 뱃가죽을 드러내고 죽은 물고기처럼 밑바닥을 드러낸 채 뒤집힌 배를 보고 경악했던 2014년 4월 16일의 그 장면이 아직도 눈에 생생하다. 수많은 사람들을 수장시킨 '가만히 있으라'는 명령도 여전히 전율로 남아 있다. 참사 이상의 참사에서 우리는 묻고 또 물었다. 세월호는 왜 짙은 안개 속에서 출항했는가, 배는 어떻게 쓰러지고 뒤집혔는가, 구조할 수 있는 상황에서 왜 국가의 재난구조시스템은 작동하지 않았는가, 당시의 보고와 명령체계 상의 허점은 무엇이었는가? 그때 묻고 또 물은 질문에 대한 답을 우리는 6년이 지난 지금도 듣지 못하고 있다. 국정농단 사태와 탄핵의 과정에서 그날 대통령은 출근하지 않았고, 비서관은 '자전거를 타고' 관저의 문고리에게 보고서를 전달했으며, 비서실장은 대통령을 면담하지 못했고, 현장 책임자들은 구조보다 상부에 보고할 영상자료를 확보하느라 바빴으며, 상황이 다 끝난 다음에, 그날도 사설 미용사를 불러 머리를 만진 다음에 국가재난본부에 늦게야 도착한 대통령은 '구명조끼를 입고 있는 것으로 알고 있는데 그렇게 발견하기가 어렵습니까?' 라는 헛소리를 남겼다는 사실을 나중에서야 알게 되었다.

그래서 지금 우리는 국가란 무엇이고 국가의 역할과 기능을 다시 묻는다. 해방 이후 우리는 거의 50년 가까이 권위주의적 국가체제 속에서 살았다. 권위주의적 국가체제에서 국민은 반공전사요 산업역군이었고, 전쟁과 산업전쟁에서 항상 동원의 대상이었으며, 냉전의 상태에서 만일의 사태를 위해 대비해야 하는 예비군이었다. 문민정부 이후 국가는 시장의 얼굴로 분장하고 나타났다. 국가는 세계화에 편입되어야 했고 국민은 '소비자는 왕'이라는 광고의 카피로 대우받았으나, 세계시장에서 선진국의 상품과 서비스를 소비하는 말단소비자로 결국 세계화의 덫에 걸려 파산의 쓴 맛을 보아야 했다. 국민의 정부에서는 우리는 '인적자원'이 되어야 했고 교육부는 인적자원부가 되었으며, 참여와 분권을 기치를 내걸은 정부에서도 대통령이 '권력은 시장에 넘어갔다'고 선언할 만큼 국가는 시장에 포획되었다. CEO 대통령을 표방한, 뒤이어 들어선 정부에서는 대통령은 아예 건설국가 회사의 CEO로 민간건설 회사까지 지휘하여 전국의 강들을 모조리 파헤치고 뒤집었다.

그리고 이상한 정부가 들어섰다. 세계는 모두 이미 참여적이고 신축적이며 탈규제적인 모형으로 정부를 개혁해 가고 있는 추세에서, 권위주의 국가에서 친시장적인 정부로 전환한지 20년 만에 다시 권위주의 국가로 돌아간 것이다. 유신의 망령과 정보기관이 부활하고, 국사 국정교과서가 도입되고 국가는 이념화되어 갔다. 국가권력의 사유화와 무능하고 부패한 측근정치 하에 4·16 참사가 발생한 것이다.

국가는 국민의 입장에서 가장 상위의 체제이다. 사상과 경제도 문화도 교육도 국가체제 안에서 작동한다. 공산주의 국가는 공산주의적 인간의 양성이, 자본주의 국가에서는 자본주의적 가치관과 기능을 습득한 인간의 양성이 교육의 목적이다. 국가주의 교육체제에서는 국가의 지도와 명령에 순응하는 사람을 기르려고 한다. '가만히 있으라'라는 말에 우리가 끝없이 전율하는 것은 그러한 명령을 내리는 국가체제와 그렇게 체제 순응적 인간을 양성하는 교육제도 때문인 것이다.

그러면 지금은 우리는 얼마나 국가주의적 명령체계에서 벗어나 있는가? 절체절명의 순간에 주체적으로, 자기 주도적으로 판단하고 행동할 만큼 강한 자아를 갖추도록 교육체제를 바꾸었는가? 출항해서는 안 되는 짙은 안개 속에 배를 띄우는, 더 많은 승객을 태우기 위해서 배를 불법 개조하고 평형수를 빼버리는 탐욕적 자본주의 체제에서 벗어나, 인간의 얼굴을 한 자본주의 체제에서 살고 있는가? 지금

대한민국에서 우리가 진지하게 물어야 할 질문이다.

　개나리는 노랗게 피고 산천은 진달래로 물들어 가는데 일상으로 돌아가지 못하는 유족들, 절망과 공포와 불안에 삶을 포기하고 떠나는 유족들이 있는 세상에서 나 홀로 편안한 삶을 살 수 있는 사람이 있겠는가?

4·16 교육체제는 작동하고 있는가

2014년 4월 16일 세월호가 진도 앞바다 맹골 수도에서 넘어져 침몰되는 전 과정을 TV를 통해 목격하면서 우리는 울부짖었고 분노했고 국가의 무능에 절망하였다. "함께 죽였고 함께 구하지 않았으므로 외면하고 망각할 권리가 우리에게는 없다"는 현수막을 걸었다. 슬픔과 다짐은 팽목항에서 안산시와 경기도를 넘어 온 나라에 넘치고 흘렀고, 전 세계로 퍼져 나갔다. 새로운 나라를 만들자고 들어선 촛불정부는 재조산하再造山下를 내걸고 국가개조에 나섰으나 그뿐이었다. 세월호 참사의 원인으로 지목되었던 자본의 탐욕도, 탈규제정책 사이에 파고든 부패구조도 청산하지 못했으며, '가만히 있으라'는 권위주의적, 체제 순응적 교육도 혁파하지 못했다. 교육의 근본적 판갈이는커녕 수시-정시 비율 조정을 핵심으로 하는 대입정책의 공론화 과정 등 지엽적 문제에 매달리다 정권 초기의 교육개혁의 골든타임은 날라 갔다.

경기도교육청은 관내의 대형 참사의 당사자로서 우리 교육을 처절하게 반성하고 새로운 교육체제를 고민하여 정책 전환을 시도하였다. 이른바 4·16 교육체제다. 4·16 교육체제는, 우리 교육의 핵심적인 특징을 물질주의와 능력주의meritocracy로 규정하고, 이것들은 5·31 교육개혁의 필연적 결과로서 5·31 교육개혁의 대체 안으로 4·16 교육체제를 제안하였다,

5·31 교육개혁은 '21세기 세계화·정보화 및 지식사회로의 문

명사적 변화'에 대응하여 교육의 근본적 패러다임의 전환을 통하여 1) 열린 교육체계 2) 수요자 중심교육 3) 교육의 자율성 4) 다양화와 특성화 5) 정보화의 틀 안에서 개혁 사업을 설정하고 추진한 해방 이후 가정 종합적이고 체계적이며 혁신적인 교육개혁 조치라라고 할 수 있다. 교육의 대상과 장소와 시기를 한정하지 않음으로써 교육을 학교의 울타리에서 해방시켰고, 자치와 분권을 강화함으로써 교육의 지역성과 일상성을 회복시켰으며, 국민의 교육 주권을 보장하고 획일적 교육에서 탈피하여 미래 변화에 대한 교육의 적응력을 강화시켰다. 그러나 한편으로는 공동체주의와 시장주의, 보편주의와 개별주의, 수월성 추구와 인성 함양이라는 상호 모순적 지향과 충돌로 현장의 혼란을 부추기고 개혁 추진을 지체시켰다는 평가를 받기도 하였다. 이러한 개혁안은 이후 정부의 성격에 따라 자치와 분권을 강화하는 쪽으로 갔다 시장주의를 강화하는 쪽으로 돌아 왔다를 반복하면서, 수요자, 공급자, 시장, 선택권, 바우처, 규제완화, 정량평가, 인센티브, 성과급 등의 용어와 함께 시장주의를, 그리고 자사고, 자공고 등을 통한 수월성 추구와 경쟁교육을 본격화했고 지금까지 정부의 핵심적인 교육개혁정책으로 자리 잡았다.

4·16 교육체제는 경쟁교육과 물질주의에 기초한 5·31 교육개혁의 부정적 결과를 넘어 새로운 교육체제를 지향하고 있다. 4·16 교육체제는 '행복한 배움으로 특별한 희망을 만드는 공평한 학습사회'를 비전으로 1) 배움을 즐기는 학습인 2) 실천하는 민주시민 3) 따뜻한 생활인 4) 함께 하는 세계인을 추구하는 인간상을 제시하고,

1) 협력 2) 공공 3) 창의 4) 자율 5) 도전을 추구하며 교수 중심, 경쟁교육, 결과 중심, 입시중심 지식교육, 학교 중심의 현재 교육체제를 학습중심, 협력교육 과정, 과정 중심, 역량함양 교육, 교육생태계 중심의 교육패러다임을 전환을 도모하였다. 이를 위하여 교원인사제도를 비롯하여 각종 학교제도와 행·재정제도를 개편한다는 것이다.

이 두 개혁안은 대체로 첫째, 가치 측면에서 이윤추구와 수월성에서 인간존엄성으로 둘째, 학습양식의 측면에서 경쟁에서 협력교육으로 셋째, 지향하는 사회의 측면에서 시장주의에서 참여적 공공성으로의 전환이라는 점에서 큰 차이점을 보이고 있다.

그러면 4·16 교육체제는 교육현장에서 어떻게 작동하고 있는가?

참사 직후 진지한 고민 속에서 구안된 4·16 교육체제는 국민적인 기억운동과 함께 사회개혁운동으로 승화되어 전국적인 촛불문화운동에서 광장의 테제로 가지 못했고, 적폐 청산에 몰입한 정권 초기에 교육부가 입시개혁 공론화 등 지엽적인 일에 매달림으로써 전국적인 의제화 작업에도 실패하였다. 정부와는 별도로 다른 시도교육청과 함께 4·16 교육체제 구현을 위한 연합세력도 구축하지 못했다. 가장 중요한 문제점은 개혁을 행정적 방식으로 접근함으로써 혁신학교운동으로 모아진 교육개혁의 대중적 열기를 교사 및 학부모 대중의 살아 있는 교육개혁운동으로 전환시키지 못했다는 것이다. 교사와 학생, 학부모의 마음이 아니라 상층부 교육 관료와 행정기관의 기획문서 속에만 살아 있고 실천 현장에서는 작용하지 못했다.

이제 우리는 4·16 참사 당시의 뼈저린 슬픔과 성찰마저 점차 무디어지고 있는 현실에서 무엇을 어떻게 할 것인가? 4월이 되면 학교 정문에 걸리는 '안전한 학교, 새로운 교육, 행복한 미래'를 만들겠다는 현수막이나 캠페인으로는 문제를 해결할 수 없다. 지금이라도 다짐과 기억을 되살리고 서랍에 잠든 레드테이프를 꺼내 개혁을 일상화하고 교육 현장의 일상성을 개혁해야 한다. 일상성은 당연의 세계로 가장 안전하고 익숙하기 때문에 개인이나 조직이나 누구든지 깨고 싶지 않고, 깨지더라도 빠르게 원형으로 복귀homeostasis하려는 성질을 가지기 때문에 개혁의 가장 강력한 걸림돌이다. 따라서 개혁은 한 발씩 나아가야 하며 한 계단씩 올라가야 한다. 교사는 교육의 일상성의 주체이며 개혁의 주체이다. 다행히 경기도에는 혁신학교의 기풍과 경험이 있고, 학교마다 전문적 학습공동체가 구축되어 있어, 존엄성의 정신으로 공공성의 원칙과 협력교육의 방법으로 개혁을 뚫고 나갈 수 있는 경험이 축적되어 있다. 현장이 개혁의 통로다. 교육의 기술과 방법의 혁신을 넘어 인간 존엄성의 철학과 정신, 공공성 지향이라는 공교육의 목적을 회복하는 일, 교사들이 할 수 있다. 교사가 희망이다.

정치교육과 교육정치

한국인에게 특히 한국 남성에게 이중성이 있다면 단연코 정치와 성性의 영역일 것이다. 전통적으로 정치와 성은 고결하고 점잖은 선비의 입에 올라서는 안 되는 금기의 대상이었다. 그러나 역사와 문화의 이면을 보면 정치와 성은 세속의 중심에서 자리 잡지 않은 때가 없었다. 세상에 초연하고자 했던 조야의 선비들도 상소와 사림을 통해 현실정치에 끊임없이 개입했으며, 엄숙한 성리학의 뒷골목에는 기방문화가 만연하였다. 이런 전통은 현대에도 이어져 정치와 성은 표면에서 공식적인 교육과정을 통해 사회화되지 못하고 쉬쉬하면서 이면에서 소비되었고, 결국 정치 불신과 혐오, 성의 무지와 왜곡으로 이어져 정치적 무능과 성범죄가 심화되는 결과를 초래하였다.

정치는 현대교육에서도 금기어였다. 교육은 중립적이어야 하며 교원들의 자발적, 능동적 정치 참여는 금지되었다. 현실정치에 대한 교육의 발언은 봉쇄되었고 비판적인 정치 발언을 한 교사들은 퇴출되었다. 정치적 편향성을 의심받아 교원들의 노동조합 활동은 오랫동안 보장받지 못했다. 그러나 알고 보면 교육은 항상 정치에 이용되어 왔다. 교원들은 3선 개헌이나 유신의 홍보대사가 되어야 했으며 반상회에 나가 정부 정책을 홍보해야 했다. 국민교육헌장과 이데올로기(비판) 교육을 통해 학교는 독재 정부의 국정철학을 내면화시키고 미화하는데 앞장섰다. 날마다 '대통령 말씀'을 챙기고, 정부정책을 교육과 행사에 반영하는 전담 부서를 만들어야 했다. 학교에 국민윤리와 군사과목이 신설되었고, 국정 교과서 체제의 모든 교과 내용은 이념화 되었으며 학교는 병영화 되었다. 교육의 중립성은 이렇게 정부에 의해 침해되었으나 교육의 탈정치를 주장하는 교사들의 요구는 차단되었다.

교육의 정치화는 매우 심각한 문제이다. 정부가 교육을 정치화시키고 오염시키는 일이 더 이상 용납되어서는 안 된다. 교사들이 정파적으로 행동하거나 학생들을 편향적으로 정치화시켜서도 안 된다. 특정 정파의 이슈로 학생들을 선동하고 부추기거나 조직하는 것은 교사로서 더욱 해서는 안 되는 일이다. 그러나 그렇다고 그것이 정치교육의 금지 사유가 되어서는 안 된다. 왜냐하면 정치는 삶의 규칙을 정하는 일이며, 우리의 삶의 원리인 민주주의는, 정치현상을 이해하고 정치적 쟁점들을 분석하여 시민적 권리와 시민성을 배우는 정치교육을 통해서 자리 잡고 성장하기 때문이다. 노골적 권력지향성이 한국인의 문화적 문법이라고 할 수 있음에도 불구하고, 겉으로는 정치를 하시하는 정치에 대한 한국인의 이중성 때문에 정치교육이라는 용어에 대한 거부감 또는 선입견을 가졌다고 볼 수 있다. 정치교육은 나라마다 표현하는 용어가 다르다. 미국에서는 일반적으로 시민교육 civic education이라고 하고, 영국을 비롯하여 유럽에서는 민주시민성교육EDC, education for democratic citizenship으로, 스웨덴을 비롯한 북유럽국가에서는 인민교육Volksbildnis이라고 불린다. 우리나라에서는 보통 민주시민교육이라고 하는데, 기표상의 차이에도 불구하고 정치교육은 일상으로부터 정치를 분리하지 않고 민주주의와 생활이 합체된 것을 전제로 "시민(학생)이 국가의 주권자로서 국가와 세계, 지역사회의 정치현상에 대한 객관적 지식을 갖추어 정치적 상황을 올바로 판단하고 비판적으로 정치과정에 참여하고 책임지는 정치행위를 습득하는 과정"(홍윤기, 2019)을 말한다.

따라서 정치교육의 핵심은 시민권 교육과 시민성 교육이라고 할 수 있다. 여기서의 시민은 헌법 제1조 제1항 '대한민국은 민주공화국이다.', 제2항 '대한민국의 주권은 국민에게 있고, 모든 권력은 국민으로부터 나온다.'는 공화국의 구성원이요, 주권자로서의 국민과 같은 개념이다. 시티즌십citizenship은 때로는 시민권으로, 때로는 시민성으로 번역되는데, 시민권은 국가나 공동체에 요구할 수 있는 권리로, 시민성은 시민으로서 갖추어야 할 자질 또는 성향을 의미하며, 정치교육은 권리로서의 시민권과 공동체 유지에 필수적인 시민성을 모두 갖추도록 하는 것으로 봐야 한다. 권위주의 교육체제에서 요구하는 '가만히 있으라'는 순응적인 '착한 국민'이 아니라, 상황과 맥락을 시민 개인이 판단하고 행동할 수 있는 주체적 시민성을 요구하는 것이다. 그러면 이러한 주체적이고 민주적 시민을 육성하는 정치교육은 어떻게 해야 하는가? 정치교육의 모범으로 알려진 독일의 보이텔스바흐 합의에 답이 있다. 보이텔스바흐 합의는 1976년 서독의 보수, 진보 진영의 정치교육자들 간의 합의로 1) 강압, 교화 금지의 원칙 2) 논쟁성의 원칙 3) 학습자 중심 원칙에 따라 정치교육이 진행되어야 한다는 것이 핵심이다. 합의의 요점은 정치관련 교육에서 교사가 학생들에게 특정한 견해를 주입하거나 강제하는 일이 일어나지 않게 하기 위해서는 사회에서 실제로 일어나는 여러 사회정치적 사건들에 대한 다양하고 갈등하는 견해들을 날 것 그대로 공정하게 소개하고 학생들 스스로의 비판적 사고를 통해 독립적인 정치적 판단을 형성하도록 해야 한다는 것이다.

나라마다 정치적 상황이 다르고 정치나 사회현상에 대한 국민들의 가치관이나 판단능력이 다르기 때문에 한 나라의 제도를 다른 나라에 이식하는 것은 쉽지 않고 위험하기까지 한 일이기도 하다. 그러나 세계 어떤 나라보다 국가주의적 전통이 강했던 독일이 정치교육을 통해 어떻게 시민적 권리 강화에서 오늘날의 모범 국가로 개조되었는지를 배우는 것은 비교교육의 이점이라고 할 수 있다.

이를 위해서는 교육의 정치적 중립이 교육의 탈정치화를 의미하지 않는다는 사실을 깨닫고, 정치교육과 교육정치를 구분해서 정치교육의 뜻을 바르게 이해하는 일이 우선되어야 한다. 요람에서 무덤까지 사람의 삶에 끝없이 개입하며 삶의 규칙을 만드는 것이 정치이다. 정치에 대한 이중적 감정에서 벗어나는 것이 시급하다. 표리를 일치시킬 때만이 이면에 숨어 똬리 튼 미망을 깨뜨릴 수 있는 법이다.

선거하기에 좋은 나이는 따로 없다

바야흐로 선거의 시절이다. 코로나19로 어느 때보다 조용한 선거지만, 선거는 선거인지라 물밑의 열기는 역시 뜨겁다. 지난 연말 공직선거법 개정안 통과에 의해서 치러지는 21대 총선거의 특징은 18세 청년의 투표권과 준연동형 비례제의 실시라고 할 수 있다. 공직선거법 개정과정에서의 국회 토론 부재, 의결 과정의 폭력성, 사표 방지와 민의의 비례성 반영을 목적으로 하는 연동형 비례대표제에 '준'과 '캡'을 붙임으로써 원래의 취지를 심각하게 변질시킨 누더기 선거법, 이마저의 결과도 비웃기라도 하는듯한 거대정당의 변칙적인 위성정당 급조와, 중앙선거관리위원회의 납득할 수 없는 위성정당 등록 허용 등에 대해서 여기서 새삼 길게 논의하고 싶지는 않다.

우여곡절을 거쳐 이제 우리나라에서도 만18세 청년이 공직선거에 투표권을 가지게 되었다. 올해 만18세(2002년 4월 16일 이전 출생자)가 되는 청년들 약 55만 여명이 이번 선거에 참가할 것으로 전망된다. 그동안 청소년 투표권에 대한 지속적인 요구와 정치권의 논의가 있었지만, 청소년의 미성숙성과 학교의 정치화를 핑계로 청소년의 참정권이 거부되어 왔다. OECD 국가 중에서 우리나라를 제외한 모든 국가들, 우리보다 발전이 더딘 베트남, 방글라데시, 파키스탄, 아프가니스탄, 라오스 등 35개국에서도 18세 선거권을 인정하고 있다. 심지어 오스트리아, 브라질, 아르헨티나, 쿠바, 니카라과, 에콰도르에서는 16세 투표권을 부여하고 있으나, 이들 나라에서 학교의 정치화가 문제로 대두되었다는 뉴스를 들어 본 사실이 없다는 점을 비춰 볼 때, 일부 정치권의 주장은 단순한 염려라기보다는 청소년의 참정권을 민주주의나 국가발전의 차원이 아니라, 정당이나 정파의 이해관계와 유불리의 차원에서 접근해 왔다는 사실을 명백히 드러내고 있을 뿐이다.

참정권을 비롯한 청소년들의 정치적 권리의식이 희박한 점도 문제라고 할 수 있다. 기성 정치인이나 성인들이 정치 주체로서의 청소년을 배제하고 이런 관념을 내재화한 결과이며, 입시에 전념할 수밖에 없는 작금의 교육현실 탓이기도 할 것이다. 만18세 청년의 투표권 부여에 대하여 35명 중 5명만이 찬성하고 대부분은 반대하거나 무관심하였고, 반대하는 학생들 다수는 투표가 공부를 방해하거나 인기투표로 변질될 것 같다는 이유를 들었다는 EBS의 보도는, 샘플이 지나치게 작고 질문의 방식도 거수에 의한 것이긴 하지만 우리 청소년들의 정치의식의 현주소를 보여준다는 점에서 시사적이다. 즉 청소년들이 자신을 둘러싼 사회현상에 대한 문제의식 없이 주체적인 삶을 살지 못하고 있으며, 정치는 어른들의 영역이라는 성인들의 정치의식에 물들어 정치적 주체로서의 권리를 표현하지 못하고 있는 것이다. 이런 것들이야말로 선거에 앞서 참정권 교육이 왜 필요한지에 대한 반증이라고 할 수 있다.

참정권 교육은 단순히 투표 교육의 차원에서 머물러서는 안 된다. 물론 어렵게 얻은 투표권이 기권이 되거나, 투표과정의 잘못된 이해로 무효가 되어서도 안 된다. 투표의 과정과 기표의 방법에서, 첫 투표라고 해서 들뜨거나 일상화된 인증샷의 습관으로 비밀투표의 원칙을 훼손하는 등 투표 무효 행위로 이어져서도 안 된다.

　참정권 교육은 참정권의 중요성에 대한 인식에서 출발해야 한다. 참정권은 저절로 주어지지 않는다. 신분제도, 인종 문제와 남녀 간의 성평등 문제들을 해결하기 위한 오랜 투쟁의 과정 속에서 오늘날 선거권이 주어졌다. 투표장에 가기 전에 에멀린 팽크허스트와 같은 여성참정권론자의 영화 〈서프러제트〉라도 보면 좋겠다. 투표가 얼마나 소중한 권리인지, 투표권을 쟁취하기 위해 얼마나 많은 사람들이 희생하고 오랫동안 인내해 왔는지를 마음으로 공감하면 좋겠다. 참정권을 누리는 사람에게는 권리의 문제이지만, 누리지 못한 사람에게는 배제와 차별의 문제이기 때문에 만18세 청년의 참정권은 당사자의 차별과 배제를 해제한 것으로 인식해야 한다. 이런 입장에서 본다면 만18세 청년의 투표권 행사는 엄청나게 중요한 사건이라는 인식을 전제로, 선거의 중요성, 권리의 실현 방법, 정강 정책의 비교, 정책이 우리 생활에 미치는 영향력 등에 대해서 종합적으로 판단할 수 있는 방식이어야 한다. 그것도 개인적인 것보다는 집단적인 방법으로, 단순한 지식 습득의 차원이 아니라 토론과 실습 위주의 방식이면 더 좋다. 이에 가장 적합한 방식이 모의투표 방식인데 어떤 이유에서인지 모의투표는 선관위에 의해서 금지되어 있다. 현재 코로나19로 학생들이 등교하지 않는 상태에서 참정권 교육도 온라인으로 이루어질 수밖에 없어 실효성을 기대하기 어려운 것이 현실이다.

　나아가 참정권 교육은 선거를 앞둔 일회성 차원의 선거교육이 아니라 시민교육, 또는 정치교육의 차원으로 종합되어야 하고 체계화되어야 한다. 시민교육을 통해서 민주주의란 무엇인가, 민주주의 체제에서 권리와 의무는 어떻게 실현되어야 하는가, 미래 세대의 정치 주체로서 어떻게 행동해야 하는가 등에 대한 고민과 성찰이 교육의 틀 안에서 이루어져야 한다. 교사의 교화敎化에 설득되지 않고 미디어의 이미지 정치나 여론을 빙자한 선동정치와 편견으로부터 벗어나 스스로 깨어 있는 시민으로서 정치에 적극적으로 참여할 수 있도록 해야 한다.

일부에서는 18세 청년의 투표 참여로 인한 학교의 정치화에 대한 우려와 염려가 있다. 이미 만18세 또는 만16세 투표권을 실시하고 있는 나라들, 특히 교사의 정당 가입이나 교사의 노동조합 활동이 자유롭게 보장되고 있는 나라에서도 학생에 대한 교사의 선거 개입 사례가 있다는 말을 들어보지 못했다. 특정 교원단체가 교직사회를 과잉대표하고 있지도 않고, 교사들의 의식이 그렇게 정치적으로 나이브하지도 않으며, 만약 그런 일이 발생했다 하여도 자체적으로 걸러낼 수 있는 자정체계가 어느 조직보다 건강하다.

이번 선거에 우리 18세 청년들이 어른들의 입에서 입으로 전달된, 신문이나 방송에서 알게 모르게 유포한 정치적 프로파간다에서 벗어나, 청년세대 또는 사회적 계층으로서 당면한 현실의 문제, 즉 교육과 입시문제에 영향을 미치는 사회 및 복지정책, 교육정책 등 자신의 주변에서 일어나는 다양한 문제들을 해결하는 차원에서 지도자를 선출하는 계기가 되었으면 한다.

정치인들의 말은 달고 그들의 문장은 유려하다. 그들의 말과 글을 보지 말고 그들이 누구와 잡은 손과 하는 행동을 살피라. 그들이 날마다 입에 달고 사는 국민이 '나'인지 '나의 이익과 반대편에 서 있는 사람'인지 똑똑히 보아야 한다. 최선이 없으면 차선을 선택하고 차선도 없으면 차악을 선택하라. 투표에 참여하는 올해의 만18세 청년들에게, 그리고 계속해서 만18세가 될 미래의 청년들에게 진부하지만 불변의, '권리 위에 잠자는 자는 보호받지 못한다.'는 루돌프 폰 예링의 법언을 선물한다. 씹고 또 씹어 보기를 권한다.

2장

◇◇◇◇◇◇◇◇◇◇◇◇◇◇◇◇◇◇◇◇◇◇◇◇◇

어떻게 시민교육을 할 것인가

독일의 길, 한국의 길

독일과 한국은 여러 측면에서 비슷한 점이 많다. 우선 분단체제를 경험했고, 오랫동안 미국을 비롯한 외세의 지배 또는 영향권에 있었으며, 파시즘 국가체제를 오랫동안 유지하다 보니 국가에 대한 맹목적인 복종심과 권위주의 문화에 젖어 있었다. 비약적인 경제 발전을 이뤄 '라인강'과 '한강'의 기적을 이루었고 현재 30-50클럽에 가입된 선진국 나라들이다. 그러나 한국에는 없고 독일에만 있는 것도 있다. 과거청산의 경험이 그렇고, 경쟁교육과 암기교육이 아닌 협력교육이나 비판교육, 대학 무상교육이나 대학생 생활비 지원(바푀, BAföG) 같은 것들이 그것이다. 독일 학생들은 등수·성적 경쟁 없이 암기 위주가 아닌 지식과 현상 자체에 대한 탐구에 전념하면서 공부하고 있다. 독일과 한국은 2차 대전 전후체제의 산물로서, 전쟁과 식민지 체제의 잿더미에서 시작하여, 보수 정권 하에서 미국의 지배를 받으며 경제개발 위주의 정책을 펴고 냉전체제에서 확실하게 미국 체제를 이식한 나라들이었으나, 1960년대 말부터 서로 다른 경로를 통해 상반된 국가형태로 진화해 갔다.

1969년, 전후 독일 최초의 정권교체에 성공한 사민당SPD의 빌리 브란트 정부는 유럽을 휩쓴 68혁명의 시대적 정신을 정책에 반영하기 시작했다. 68혁명은 1968년 5월 파리를 중심으로 일어나 우리나라를 제외한 세계 전역에 전파된 거대한 사회 변혁운동으로, '모든 형태의 억압으로부터의 해방'을 핵심 구호로 내세워 부조리한absurd 것들을 거부하였다. 이후에 세계 도처에 나타난 히피, 반전·평화, 반소비생태·운동, 반독재 투쟁 등이 이것의 영향과 결과라고 할 수 있다. 브란트는 1970년 폴란드 유태인 게토에서 전쟁 희생자에게 무릎을 꿇음으로써 철저한 나치즘에 대한 반성과 함께 과거를 청산하고 대학생에게 생활비를 지급하여 복지국가의 기초를 다졌다. 1976년 보수당인 자유민주당FDP에 의해 발의되어 압도적으로 통과된 노사 공동결정체 법안의 발의 요지는 "우리 시민들은 국가 시민으로서는 의회와 정부를 구성하는 핵심적인 주권을 가진 존재이다. 그러나 경제 시민으로서는 노예로 산다. 이것은 있을 수 없는 일"이라는 것이었다. 결과적으로 기업의 이사회는 노동이사가 50%를 차지하게 됨으로써 경제민주화의 초석이 되었고, 정교수 중심체제의 대학의 권위주의를 혁파하였다. 대학 등록금은 건국 초기부터 없었지만, 형편이 어려운 학생들이 알바 등에 시간을 빼앗겨 공부에 소홀하게 되는 것은 부유층 학생에 비해 불이익을 받게 되는 것이므로 부당하다는 것을 이유로 생활비를 지급하였다. 브란트 정부는 '교육(교양)사회'를 제시하고, 독일 국민이 모두 수준 높은 교육을 받아 교양인으로 살 수 있는 사회를 만들기 위해서는 고등교육을 확충해야 한다고 주장하였다. 누구나 부담 없이 교육 받을 수 있도록 생활비를 지급해야 한다는 것이었다. 정부는 또 '아우슈비츠 이후의 교육'을 내세워 철저한 과거청산과 함께 교육내용의 혁신을 주장하면서 비판교육을 교육원리로 도입하였다. 즉 교육의 핵심적인 목표는 비판의식을 함양하는 것이므로, 기존 질서에 대한 비판적 안목을 기르고, 불의한 권력에 저항하는 능력을 키워야 한다. 정답주의를 정의권력definition power으로 인식하고, 암기식 교육은 파시스트 교육으로 비판하였다. 비판교육의 방법론으로 글쓰기 교육을 강조하였는데, 자기 생각을 글로 쓰는 교육을 통하여 정해진 정답이 아니라, 문제와 현상에 대한 자신의 해석을 논리적으로 표현하는 훈련을 해야 한다고 강조하였다(김누리, 2020).

1976년 당시 서독 사회의 극심한 이념적 대립과 갈등 상황 하에서도 사회와 국가 그리고 교육의 발전적 미래 지향점을 제시하기 위해 어렵게 정치교육에 대한 합의를 도출하였다. 독일 정치교육의 기본원칙으로 알려진 이른바 '보이텔스바흐 합의'는 독일 바덴-뷔르템베르그 주 정치교육원이 개최하여 관련 전문가의 1년간의 토론을 정리한 것이다. 1) 강압·교화금지 2) 논쟁성 재현 원칙 3) 이해관계인지 원칙이 독일 정치교육계에 수용되었고 세계 정치교육의 모델이 되고 있다.

한편 한국에서는 1968년 박정희 정권이 3선 개헌을 자행하였다. 이승만 정권의 부정부패에 항거한 4·19혁명을 쿠데타로 뭉갰던 정권은 3선 개헌에 이어, 1972년 영구 집권을 위한 유신체제를 선포함으로써, 우리는 독일과는 정반대의 길로 가게 되었다. 우선, 우리 정치는 국민의 존엄성과 요구를 만족시키는 방향으로 전개 되지 않고 민주화 운동을 진압하는 과정으로 진행되었다. 4·19혁명과 1980년 서울의 봄은 쿠데타에 의해 짓밟혔고, 1987년 6월 민주항쟁은 유사 군사정권의 집권으로 의미가 퇴색되었다. 이런 군사정권의 후유증으로 정치적 민주화를 이룬 후에도 직장, 학교, 생활에서 일상의 파시즘은 청산되지 못했다. 둘째, 노동 배제와 농민의 희생에 바탕을 둔 개발 독재는 '한강의 기적'으로 외형적 경제성장을 이끌어냈으나, 재벌과 낙수이론에 의존한 경제적 방법론의 후과로 고질적 경제적 불평등과 함께, 과잉 정치, 군사문화, 사회·문화의 비민주성과 후진성이라는 숙제를 두고두고 남기게 되었다. 셋째, 해방 후 사립학교에 대한 지나친 의존 정책으로 교육을 실질적인 국가의 고유 사무로 두지 못함으로써 등록금 문제에서 파생한 교육기회의 불공정성은 불평등한 한국 사회구조의 근본 원인이 되었다.

1968년 박정희 정부는 국민교육헌장을 제정하였다. 일제 강점기의 교육칙어를 모방한 국민교육헌장은 우리 교육의 기본 지침이었고 이정표였으며 유신의 이념적 기초가 되었다. 국민교육헌장은 교육에 대한 국가의 종합적인 청사진으로서 국가 신민으로서의 자세와 태도를 규정한 한국판 정치교육의 결정체라고 할 수 있다. 민주주의의 기초 단위로서의 개인인 '나'가 아니라 '우리는'으로 시작되는 국가와 민족의 발전을 위한 하위 단위로서의 개인을 강조하는 집단주의 교육의 원형이다. 교육은 국민교육헌장의 선포와 시행을 통해 확실하게 정치에 예속되었다. 1978년 전남대 교수들을 중심으로 '우리교육지표 사건' 같은 저항운동이 있었으나 국민교육헌장은 공식적으로 1994년 김영삼 정부에 의해 폐지되었다. 세 번의 민주화 운동과 두 번의 쿠데타 뒤에 집권한 김영삼 정부는 국가주의에서 벗어나 새로운 틀에 의해 국가경영전략을 시도했는데 그 반영의 결과가 5·31 교육개혁이다. 5·31 교육개혁은 '21세기 세계화·정보화 및 지식사회로의 문명사적 변화'에 대응하여 교육의 근본적 패러다임의 전환을 통하여 1) 열린 교육체계 2) 수요자 중심교육 3) 교육의 자율성 4) 다양화와 특성화 5) 정보화의 틀 안에서 개혁 사업을 설정하고 추진한 해방 이후 가장 종합적이고 체계적이며 혁신적인 교육개혁 조치라고 할 수 있다. 교육의 대상과 장소와 시기를 한정하지 않음으로써 교육을 학교의 울타리에서 해방시켰고, 자치와 분권을 강화함으로써 교육의 지역성과 일상성을 회복시켰으며, 국민의 교육 주권을 보장하고 획일적 교육에서 탈피하여 미래 변화에 대한 교육의 적응력을 강화시켰다. 그러나 한편으로는 공동체주의와 시장주의, 보편주의와 개별주의, 수월성 추구와 인성 함양이라는 상호 모순적 지향과 충돌로 현장의 혼란을 부추기고 개혁 추진을 지체시켰다는 평가를 받기도 하였다. 이러한 개혁안은 이후 정부의 성격에 따라 자치와 분권을 강화하는 쪽과 시장주의를 강화하는 쪽으로 왔다갔다를 반복하면서, 이윤과 수월성 추구와 경쟁교육을 본격화했고 한국의 핵심적인 교육정책이 되었다. 그러나 5·31 교육개혁 역시 신자유주의에 의한 자본의 세계적 재편에 따른 한국교육의 경제적 적응과정이었으며, 존엄성 교육이나 교육의 인간화 또는 자유의 실천 같은 교육의 본질에 대한 고민이라고는 할 수 없다.

60년대 말까지 미국의 지배를 비롯하여 비슷한 정치경제적 조건에 있었던 두 나라는 서로 다른 길을 갔다. 서독은 68혁명의 기치에 따라 인간을 우위에 두고 정치, 경제, 사회적인 질서를 새로 짬으로써 미국의 지배를 벗어나 새로운 형태의 민주주의와 사회 평등의 선도국가가 되었고, 한국은 쿠데타 세력과 재벌의 계속적 지배를 통해 인간을 권력과 물질의 하위에 두는 전도된 가치규범 속에서 미국보다 더 미국적인 나라가 되어 전형적인 불평등과 양극화의 나라가 되었다. 두 나라는 사회문제와 규칙을 결정하는 정치를 다르게 선택함으로써 각자 다른 형태의 국가가 되었다. 국가와 국민의 삶은 정치에 의해 결정되고 다시 정치는 정치교육의 결과와 노력에 의해 거듭난다. 독일 교육의 길은 테오도르 아드로노(T. W. Adorono) 같은 사상가들이 길잡이가 되었고, 한국 교육의 길은 군사정권에 부역한 당대 대표적인 철학자 박종홍과 이규호 등이 앞잡이가 되어 반교육의 길로 들어섰다.

이제 한국은 네 번째 민주화운동 이후 시대에 들어섰다. 한국의 앙

시앵 레짐을 구축驅逐한 촛불 혁명과 촛불정부는 무엇을 할 것인가? 정부는 아직도 새 시대 새 사회의 큰 방향을 제시하는 혁신적인 국가 비전을 제시하지 못한 채 여전히 주어진 국면적 현상과 현실 개선의 방법을 골몰하며 좁은 길을 헤매고 있는 것으로 보인다. 정권 담당자들의 발상의 전환과 대도를 향한 거침없는 발걸음과, 현명한 국민의 부릅뜬 비판과 계속적인 지지를 요구한다.

보이텔스바흐 합의의 함의

보이텔스바흐 합의는 민주시민교육 분야의 매우 중요한 참고자료지만, 우리나라에서는 일반인은 물론 현장 교사들에게도 아직은 생소한 내용이다. 합의의 전체 내용뿐만 아니라 논의 과정과 정신을 이해하는 사람들이 매우 드문 상황이기 때문에 전문을 소개하고 내용에 대한 설명과 합의에 이르는 과정을 통해서 우리가 배워야 할 점이 무엇인가를 확인하는 것이 필요할 것 같다. 전문은 아래와 같다.

> 보이텔스바흐 전문가 토론회는 각각의 입장을 분명히 하며 합의 가능성을 탐색하는 것이었다. 실제 어떤 합의를, 예를 들어 교육과정과 같은 형식으로 도출해야 한다는 의무가 주어졌던 것은 아니었다. 그래서 여기에서는 저자 자신의 주관적인 인상에 따라 가능하다고 생각한 합의, 즉 롤프 슈미더러, 쿠르트 게르하르트 피셔, 헤르만 기제커, 디터 그로써, 베른하르트 주토 그리고 클라우스 호르눙에 이르는 다양한 학문 이론적, 정치적, 정치교수법적 입장들 간의 합의를 정리한 것이다. 이론의 여지가 없었던 것으로 보인 것은 정치교육의 세 가지 기본원칙이다.

> 1. 강압·교화 금지. 어떤 수단이든 학생에게 바람직한 견해라는 의미로 제압하여 자립적인 판단 획득을 방해하는 것은 허용되지 않는다. 바로 여기에 정치교육과 교화간의 경계가 있다. 교화는 민주사회에서 교사가 할 일이 아니며, 일반적으로 수용되고 있는 학생의 성숙이라는 목표에도 부합하지 않는다.

2. 학문과 정치에서 논쟁적인 것은 수업에서도 논쟁적으로 나타나
  야 한다. 이 요청은 첫 번째 원칙과 밀접히 관련된다. 그 이유는
  다양한 입장들이 무시되고, 선택 가능성이 은폐되며, 대안들이
  논의되지 않는 것이 바로 교화이기 때문이다. 여기서 제기될 수
  있는 문제는 교사가 교정기능을 가져야 하는가, 즉 교사가 학생
  들에게, 그리고 정치교육 행사의 다른 참여자들에게 그들의 정치
  적, 사회적 배경 측면에서 낯선 입장과 대안들을 특별히 강조해
  야 하는가 하는 문제이다. 두 번째 기본원칙을 확인해보면, 교사
  의 개인적 입장이나 학문 이론적 근원 그리고 자신의 개인적 의
  견이 비교적 중요하지 않은 이유가 분명해진다. 앞서 언급한 예
  를 다시 생각해보면, 교사의 민주주의 이해가 문제가 되지 않는
  것은 그와 반대되는 다른 견해들도 관련되어 있기 때문이다.

3. 학생은 정치적 상황과 자신의 이해 상황을 분석할 수 있고 또한
  자신의 이해관계의 의미에서 현실 정치적 상황에 영향을 미치는
  방법과 수단을 찾을 수 있어야 한다. 그러한 목표 설정은 두 가지
  원칙의 논리적 귀결로서 실제 활동적 능력에 대한 상당한 강조를
  포함하는 것이다. 이와 관련하여 간혹 헤르만 기제커와 롤프 슈
  미데러에 반대하며, 내용을 수정할 필요가 없는 형식으로 귀환이
  라는 비난은, 여기서 찾고자 하는 것이 최대합의가 아니라 최소
  합의라는 면에서 맞지 않다.

위의 문서 형식에서 알 수 있는 것처럼, 이것은 국가나 자치단체의
정책이나 협약이 아니다. 독일 바덴-뷔르템베르그 주 정치교육원장

지그프리트 쉴레의 주재로 작은 도시 '보이텔스바흐'에서 1976년 11월 19~20일 이틀 동안 좌우의 대표적인 정치교육학자를 초청하여 개최한 토론회의 내용을 한스 게오르크 뷜링이 1년 동안 숙고하고 검토하여 '짧고 쉽게, 개념적이고, 실용적으로' 정리한 것이다.

합의에서 규정된 첫 번째 원칙은 '강압·교화 금지 원칙'으로 세뇌화 금지로 표현되기도 하는데, 이는 개인의 존엄을 유념해야 하고, 명백한 제압과 교화뿐만 아니라 보이지 않는 세련된 형태의 제압도 금지하는 일종의 명령적 요청이다. "인간의 존엄은 침해될 수 없다. 이를 존중하고 보호하는 것은 국가의 의무이다"는 독일 헌법 제1조1항에 기초한 것으로, 주체로서의 학생에 대한 인정과 존중 그리고 자주적 판단 형성의 의미에서 학생의 성숙을 위해서 교사가 자신의 세계관과 정치적 입장을 교화 및 세뇌화 목적에서 강제하지 않아야 한다는 것을 의미한다. 둘째 원칙은 '논쟁성 원칙'으로 '의견 불일치에 대한 합의'로 이해되며, 다양한 입장들이 무시되고 선택 가능성과 대안들이 논의되지 않으면 교화에 빠지게 된다고 본다. 즉 사실에 근거하여 본질적이고 중심적인 다양한 정치와 학문적 의견과 관점들을 제시하여 정치적, 사회적 사실과 결정들이 단순한 흑백논리로 결정되는 것이 아니라, 이 과정에서 실제 다양한 갈등과 의견의 불일치가 존재하며, 학생들이 직접 이러한 이견들의 내용과 차이를 경험하고 분석할 수 있게 해야 한다는 의미이다. 여기서 문제가 되는 것이 '교사의 전문성과 자주성' 대신, '교육의 중립성'이다. 독일에서는 교사가 정치체제와 제도에 대한 지식의 전달자로의 소극적인 역할을 넘어 학생의 자주적 판단 형성의 촉진자로서의 역할을 강조하고 있는 추세이다. 또한 교육의 정치적 중립성을 정치적 무관심, 비관여 등 정치와의 분리와 배제라는 소극적 의미가 아니라 '초당파적, 균형적' 시각의 '포괄과 종합'이라는 적극적 의미로 해석한다. 정치·사회 현안에 대한 다중관점과 다원주의적 민주주의 사회의 정당성 의미들이 논쟁성 원칙에서 함께 이해될 수 있는, 교육방식과 관련된 원칙이다. 셋째, 학생이해 중심이라는 원칙은 교육의 목표와 결과와 관련된 것으로 성숙과 학생의 자주적 판단 형성에 집중되어야 한다는 것이다. 과거 나치즘 체제하에서 교육이 정치적 이데올로기의 수단으로 이용되고 동원된 것은 정치 상황에 대한 국민의 자주적 판단의 결핍으로 이해하기 때문에 이를 재현하지 않는 것이 교육의 임무라고 보고, 정치상황과 자신의 이해관계 상황 분석 능력과 자주적 참여 능력을 강조한다(김혜정, 2018).

사실 우리가 보이텔스바흐 합의에서 배워야 할 더 중요한 것은 천명된 원칙보다는 합의에 이르는 논의 과정과 학계와 교사, 국민에게 수용되는 과정이라고 할 수 있다. 첫째, 보이텔스바흐 토론회는 '초당파적', '균형적'인 관점을 내세워 좌파에서 우파까지 대립적인 정치 스펙트럼을 가진 학자인 롤프 슈미더러(좌파), 쿠르트 게르하르트 피셔(중도 좌파), 헤르만 기제커(중도 좌파), 디터 그로써(중도), 베른하르트 주토(중도 우파) 클라우스 호르눙(우파)이 참여하여 다양하고 다층적인 의견이 개진되고 토론되었다. 둘째, 여기에서 발제되고 토론한 내용을 뵐링이 참여관찰 형식으로 기록하고 검토하여 토론자의 관점을 분석해서 '최대합의'가 아니라 '최소합의' 수준으로 토론회 보고서를 정리하였다. 셋째, 뷜링에 의해 정리된 '정치교육 수업의 기본원칙'은 참가 교수들의 이견 제시 없이 '형식 없는 의견일치'를 이루었고 1980년 이후로 자발적이고 자생적인 경로를 통해 정치교육학자와 교사들 사이에 빠르게 수용되었으며, 현재 독일 정치교육 이론의 핵심으로, 모든 학교의 정치 및 역사교육의 기본 원칙으로 적용되고 있다. 넷째, 바덴-뷔르템베르그 주 정치교육원은 보이텔스바흐 합의를 계기로 이후로 2~4년마다 수업과 관련하여 보이텔스바흐 합의 원칙들을 구체화 할 수 있는 방안을 논의하는 '보이텔스바흐 대화'라는 후속 토론회를 계속적으로 조직해오고 있으며 2018년까지 총 15회 개최하였다. 다섯째, 국가 주도의 합의와 행정적인 명령이 아니라 관련 학계와 교사에 의해 자발적으로 수용되고 전파되었다.

우리나라에서는 세월호 사고를 계기로 '가만히 있으라'는 체제 순응교육에 대한 통렬한 반성과, 2015년 역사 교과서 국정화 추진 과정에서의 대립과 갈등을 해결할 수 있는 프레임으로 학계와 언론을 중심으로 보이텔스바흐 합의가 주목을 받았다. 학생의 '자립적인 역사적 사유 능력의 획득'을 목표로 '다원적 관점'의 역사교육 방법론과 '학생중심'의 독일 역사교육을 참고로 하여 보이텔스바흐 합의 원칙의 적용과 실천의 관련성을 탐색하는 등 노력을 하였으나 역사교육과 수업에 적용한 실천적 사례나 연구가 크게 진전되지는 못했다. 사드 배치를 계기로 '계기교육'의 방법론을 탐색하던 몇 개의 교육단체 토론회에서 보이텔스바흐 합의 원칙에 입각한 '논쟁식 교육'이 언급된 이후, 서울시, 경기도, 경남교육청에서 관련 학자들 중심의 정책연구가 진행되었고 그 결과 '논쟁수업', '토론수업'의 수업모델이 현장에 보급되기에 이르렀다. 그러나 교육부가 아니라 교육청으로 주체만 바뀐 이러한 탑다운 방식의 수업모델 보급은 그 명분의 정당성을 떠나 보이텔스바흐 합의의 정신과 방식에도 부합하지 않을 뿐만 아니라, 교사들의 이해와 동의 없이는 학교현장에서의 수용 가능성과 지속성에서도 효과를 의심 받을 수밖에 없게 되었다. 시간이 걸리더라도 다양한 관점을 가진 학자와 교사들이 참여하여 한국판 보이텔스바흐 합의를 마련하는 것이 가장 좋은 방법이다. 그러기 위해서는 정치권의 반성과 협조가 절대적으로 필요한데, 정치권은 각성된 정치교육을 원하지 않을 것으로 예상되므로 난망한 일이긴 하다. 그 다음으로 생각할 수 있는 것은 교사 양성 단계부터 정규 교육과정에 편성하여 보이텔스바흐 합의에 대한 학습과 교양을 넓히는 것이다. 그리고 교사 현직교육에서도 꾸준히 이 합의의 정신과 내용, 구체적인 실현 방법 등을 탐구하도록 하여 저변을 지속적으로 확대해 가는 것이다. 가장 확실한 방법은 학교민주주의를 통한 학교운영으로 학교 내 대립과 갈등을 민주적으로 해결하는 경험을 체험하게 하는 것이다. 이를 위해서는 학교행정가의 민주주의에 대한 확고한 신념과 세련된 기술이 요구된다. 아무리 좋은 것이라고 하더라도 외국의 교육사조와 새로운 이론들이 충분한 사전 검토 없이 우리의 학교를 실험실로 삼는 일이 되풀이 되어서는 안 된다.

다시 읽는 국민교육헌장

국민교육헌장은 '국민학교'를 다녔던 7080세대에게는 애증과 추억의 대상이다. 누구는 이른바 '조국 근대화'에 기여했다는 자긍심과 함께 아련한 향수를 느끼고, 또 누군가는 군사정권 시절 우민화 정책의 산물로 불쾌한 기억을 소환한다. 헌장을 제대로 외우지 못해 청소를 하거나 매를 맞거나 나머지 공부를 했던 사람도 있고, 반대로 너무 잘 외워서 구령대에 올라 전교생 앞에서 암송하고 상을 받았던 자랑스러운 기억을 가진 사람도 있다. 아무튼 그렇게 암기한 국민교육헌장은 우월감 또는 열등감을 심어주며 어린 영혼들의 자양분이 되어 삶의 나침반 역할을 하였다.

국민교육헌장은 총 393자 초·중·종장으로 구성되어, 한국교육이 지향해야 할 이념과 근본목표를 밝힌 교육지표이자 정치교육 지침서다. 초장은 민족의 긍지를 바탕으로 국가의 자주 독립성과 인류 공영에 기여할 수 있는 한국인의 결의를 다짐하는 서론이다. 중장은 본론으로 국민교육 방향에 대한 구체적인 제시로 세 문장으로 구성되어 있다. 각각 개인윤리, 사회윤리, 국민윤리의 순으로 국민 각인이 실천해야 할 규범과 덕목을 명시하였다. 먼저 개인윤리로, 성실한 마음과 튼튼한 몸을 기반으로 하여 창의력, 개척정신, 소질 개발, 주체적인 정신을 강조한다. 둘째, 사회윤리로, 개인보다는 공익과 질서, 협동정신과 고도 산업사회의 능률성과 효율적인 생활인의 자세와 상부상조의 전통을 강조한다. 셋째, 국민윤리로, 애국심과 국가와

의 관계, 자유를 보장할 수 있는 기반으로서의 개인의 책임감과 국가 건설을 위한 개인의 적극적인 참여와 봉사, 국가발전을 위한 개인의 헌신을 강조하고 있다. 종장은 결론 부분으로, 국가의 지향과 목표로서, 분단된 조국 통일을 위한 공산주의의 극복과, 후손에게 물려줄 빛나는 유산을 위한 국민 각자의 신념과 긍지를 강력하게 주문하고 있다. 지금 읽어도 입에 척척 감길 만큼 우리의 영혼과 정신에 체화되어 있는 단순, 간결, 명쾌한 압축형 명 논리 명문장이다. 국민의 역사적 사명, 국민의 윤리, 국가의 지향과 목표가 서론, 본론, 결론을 통해 연결되고, 초·중·종장 안에서 각각 개인-사회-국가의 관계가 유기적으로 연결되는 논리 전개가 명료하여, 과연 당대의 대표적인 철학자, 교육학자, 문장가의 작품으로 전혀 손색이 없다고 평가할 수 있다.

국민교육헌장은 박정희 대통령의 지시로 당시 권오병 장관의 지휘 아래 문교부 내부의 준비 작업과, 박종홍, 이은상, 유형진, 정범모 등 26인의 헌장초안 위원들의 기초 작업과, 임영신, 김옥길 등 교육계, 이병도, 박종화 등 문화계, 한경직, 이청담, 김수환 등 종교계, 장기영, 최석채 등 언론계, 기타 경제계, 정계, 정부 대표를 망라한 50여 명의 심의의원들의 마무리 작업을 거쳐 국회에서 만장일치로 통과되고, 1968년 12월 5일 박정희 대통령이 전 국민에게 선포하였다. 선포된 이후 국민교육헌장을 실천하기 위하여, 1) 헌장이념 구현을 기본방향으로 하는 교육과정 개편 2) 교과서 내용 재검토와 개편 3) 모든 장학자료를 통한 구체적 방법 제시 4) 헌장의 규범에 입각한 학생들의 일상생활지도 등의 강력한 조치가 시행되었다. 국민교육헌장은 모든 교과서의 첫머리에 인쇄되었고 애국조회와 모든 행사에 낭독되었으며 헌장 선포일을 기념하고 기념식에서는 헌장 실행과 관련된 각종 포상이 이루어졌다.

이제 민주화 시대에 국민교육헌장을 다시 읽는다. 그때 정권은 무슨 이유로 헌장을 만들었으며, 왜 그렇게 학생들에게 무지막지하게 암기시키고 행사마다 복창시켜 국민을 의식화 했을까? 수단을 가리지 않고 헌장을 암기시킨 내면화의 결과는 한국인의 정신세계에서 어떻게 작동하고 있을까?

첫째, 헌장의 내용을 살펴보면 국가주의가 압도한다. 자유로운 개인들의 연합한 공동체가 아니라 국가 발전에 중점을 두고 여기에 기여하는 개인의 심성과 태도를 강조하며 국민을 동원한다. "국민의 창의와 협력을 바탕으로 나라가 발전하며, 나라의 융성이 나의 발전의 근본임을 깨달아, 자유와 권리에 따르는 책임과 의무를 다하며 스스로 국가 건설에 참여하고 봉사하는 국민정신을 드높인다." 둘째, 물질주의 또는 경제주의를 강조한다. "타고난 저마다의 소질을 계발하고, 우리의 처지를 약진의 발판으로 삼아, 창조의 힘과 개척의 정신을 기른다." "능률과 실질을 숭상"하며 정신을 제2경제로 규정한다. 셋째, 냉전시대의 반공 이데올로기를 강조한다. "반공 민주 정신에 투철한 애국애족이 우리의 삶의 길이며, 자유세계의 이상을 실현하는 기반이 된다." 개인의 자유, 존엄, 인권 등 현대 민주주의의 기본 내용의 언급과 강조는 전혀 없다. 오히려 국민은 "민족중흥의 역사적 사명을 띠고 이 땅에 태어났다." 현대 민주주의의 지향과 추세에 전혀 부합되지 않는다. 학문의 실용성을 강조하는 박종홍이나 발전교육론자 정범모의 흔적이 역력하다. 이는 교육의 도구적 관점으로 후일 우리교육의 고질적 문제로 자리 잡은 입시교육으로 이어진다. "민족중흥의 역사적 사명"으로 시작하여 "대통령 박정희"로 끝나는 국민교육헌장은 메이지 유신을 위하여 황국신민의 심성과 자세를 강조하고 교육을 국가동원체제의 하위 기능으로 보는 일본의 〈교육칙어〉와 발상과 구조가 비슷하다. 왕정 치하가 아니라 적어도 형식적으로는 민주주의 국가에서 국가의 교육지표요, 국회를 통과한 헌장에 "대통령 박정희"를 명토 박은 걸 보면 위임 받은 권력자의 모습이 아니라 제왕적이고 독재적인 권력 관점을 숨기지 않고 그대로 보여준 것이라고 볼 수 있다.

국민교육헌장의 추진 목적은 헌장의 내용 보다는 기념일마다 반복되는 박정희의 발언을 통해 확인할 수 있다. 국민교육헌장은 "조국 근대화의 물량적 성장을 보완·촉진해 나갈 정신적 지표"이고 "경제 발전을 위한 국민정신 개조"를 위한 것이었다. 1972년 유신 선포 이후 "10월 유신 정신이 국민교육헌장의 이념과 그 기조를 같이 하는 것"이라고 선포함으로써 3선 개헌과 유신 등 정권유지의 발판으로 교육을 장악한 것이었음을 확실히 알 수 있다.

국민교육헌장을 보급하고 교육한 방식을 살펴보면 당시 대통령과 정권의 교육에 대한 시각을 알 수 있다. 대통령과 정권의 관심은 교육이 아니라 국민의 교화에 있었으며 교육을 내면의 계발이 아니라 외부의 가치관과 지식을 주입하는 것으로 보고 있음을 고스란히 드러낸다. 강압, 주입, 교화를 금지하고, 논쟁성이 보장되어야 하며, 학생의 성숙과 자주적 판단 형성이 원칙인 〈보이텔스바흐 합의〉의 원칙에 비춰보면 국민교육헌장의 교육관과 이의 교육 방식은 감히 교육이라고 할 수도 없다. 국민교육헌장이 모든 국민의 지지를 받은 것은 아니었다. 1978년, 국민교육헌장의 시행과 교육에 대한 지식인들의 조직적 반발이 터졌다. 〈우리교육지표 사건〉이다. 국민교육헌장이 우리의 교육지표가 될 수 없는 이유와 헌장 내용을 조목조목 비판한 뒤, 1. 물질보다 사람을 존중하는 교육, 진실을 배우고 가르치는 교육 2. 학원의 민주화와 인간화 3. 진실을 배우고 가르치는 일에 대한 외부의 간섭 배제 4. 3·1정신과 4·19정신의 계승과 자주평화통일을 위한 민족역량을 함양하는 교육을 대안으로 제시하였다. 광주에서 발생한 〈우리교육지표 사건〉은 독재정권에 의해 곧 진압되었지만, 2년 뒤에 일어난 광주민주화 운동의 정신적인 밑바탕이 되었고, 광주민주화운동을 통해서 대한민국 민주화의 정신이 되었다.

어린 영혼들에게 내면화된 국민교육헌장의 정신은 기성세대의 머릿속에 아직도 살아 있는 현재진행형의 신념체계다. 단순한 향수일 뿐이라고 치부할 수도 있겠지만, 때로는 '태극기 부대'의 과격한 신념과 행동으로 나타나기도 하고, 민주정부의 정책에도 자연스럽게 스며들어 선량한 국민을 여전히 국가지배체제에 동원하기도 한다. 국가발전을 위한 일사불란한 교육과 질서관은 경제개발의 중요 정책수단이 되기도 했지만, 그 후 우리 사회의 정치와 교육 등에서 여러 가지 문제를 일으키는 주범이 되었다. 한 나라의 정책과 제도를 시공간 특수성의 고려 없이 다른 시대, 다른 나라의 교육기준과 가치관에 의해서 판단하고 비판하는 것은 경계해야 할일이다. 그러나 과거의 잘못된 교육관과 정책 등은 인류의 보편적 이성과 기준, 가치관에 의해서 검증되고 개선함으로써 과오를 시정할 수 있다. 새로운 시대에 맞게 주체적인 존재로서의 시민의 자유와 존엄성과 평등의 토대 위에서 민주주의와 교육을 재개념화하는 일은 우리에게 절실한 과제이다.

내 안의 차별주의

　김지혜 교수의 〈선량한 차별주의자〉를 읽고 난 독후감 또는 자기 고백이다. 내가 선량한 사람인지는 잘 모르겠으나 책을 읽고 보니 분명히 차별주의자인 건 맞는 것 같다. 선량함과 차별이라는 모순된 가치가 우리가 의식하지 못한 채 사회에서 어떻게 작동하는지, 차별의 일상성과 그 기제를 알게 되었다. 제목의 〈선량한〉은 '보통 사람의', '의식하지 못한', '착하다고 믿는' 등의 말로 바꾸어도 문제가 없겠다. 특별히 내세울 것 없는 평균적인 사람이고, 더구나 나름 진보적이고 민주적인 삶을 살았다고, 아니 적어도 그런 가치를 추구하고 살았다고 믿는 내게 남을 차별할 만한 특권과 특징을 가질 게 무엇인가?

　차별은 발견되는 것이라는 것을 알지 못하고 살았다. 그래서 이 땅에서 내가 누리는 편안한 삶이 차별과 희생에 기초해 있다는 것을 깨닫지 못했다. 영구나, 맹구, 시커먼스를 보고 낄낄거리면서도 그런 것이 장애인이나 흑인을 매개로 하는 차별의 웃음 기법이라고 의식하지 못했다. 즐겨 홀로 산행할 때도 혼자서 산에 가기를 무서워하는 여성들이 있다는 것을 의식하지 못했다. 혼자 산을 걷는 여성을 만날 때 혹시 느낄 두려움을 생각하고 길을 기다려주는 것을 오히려 나의 배려요, 친절한 호의라고 생각했지만, 호의가 권력관계라고는 전혀 생각하지 못했다. 맏아들로 동생들이 자라면서 느꼈을 어떤 차별의 느낌을 의식하지 못하고 살았다. 일하는 아내의 가사노동에 대해서도 깊이 생각하지 못했다. 밤거리를 혼자 걸어도 무서워하지 않았고 운전을 잘못해도, 외모가 못생겨도 재수 없는 놈이라는 소리를 듣지 않고 살아온 나는, 밤에 걷기 두려워하거나 운전을 잘못해서 또는 못생겨서 재수 없다는 소리를 듣는 여성들이 차별받고 있다는 사실을 의식하지 못했다. 특수학급 부모들의 요구와 하소연을 때때로 과잉이라고 생각한 학교행정가로서 나는 그들의 차별 받는 일상을 이해하지 못했다. 우리 교장이 여성이라고 해서 학교가 모든 여교사에게 평등할 것이라고 믿었다. 평등을 제로섬 게임으로 인식하고 내 몫을 뺏기지 않기 위해서 경쟁에서 승리해야 한다고 암묵적으로 강요하는 경쟁교육의 가담자로 교육의 차별기제를 강화하는데 일조했다. 버스를 타는 것도, 계단을 오르내리는 일도, 휠체어를 사용하는 사람에게는 특권이라는 사실을 의식하지 못했다. 이런 특권은 노력의 결과가 아니라 이미 가지고 있는 조건이라서 발견하지 않으면 전혀 보이지 않는다는 사실을 생각하지 못했다. 남성, 계층, 문화, 국적, 이성애자, 비장애인, 언어 등의 특권이 어떤 이에게는 차별을 만든다는 사실을 전혀 모르고 살았던 차별주의자였던 것이다.

차별은 경계 짓기에서 온다. 경계는 국적이나 성별, 장애, 나이, 종교, 가족상황, 학력, 지역, 성적지향, 성적정체성 등인데, 우리와 그들을 나누는 경계는 다분히 주관적이고 임의적이며 따라서 때에 따라 변동된다. 경계는 경계 밖의 사람을 싫어하게 하고 차별은 싫은 감정에서 온다. 감정은 누군가의 기회와 자원을 배제할 수 있는 권력으로 작동한다. 그러므로 사라 아메드에 따르면 감정은 단순한 심리적 성향이 아니라 사회규범에 투하하는 일종의 자본이다. 부정적 감정과 혐오는 부정의를 가져오고, 혐오가 생산하는 부정의는 때로 폭력의 형태를 띤다.

차별은 불평등과 편향된 능력주의meritocracy에서 온다. 능력주의는 '누구나 능력 있고 열심히 하면 성공한다'는 믿음이며, '같은 것은 같게' 그리고 '다른 것은 다르게' 대우하는 것이고 여기서 발생하는 불평등은 공정하다고 생각하는 것이다. 노력도 하지 않고 능력도 없으면서 결과를 평등하게 하는 것은 무임승차에 불과하며 정의에 어긋난다고 보는 것이다. 능력주의가 공정한 규칙이 되려면 능력과 측정기준이 명확하고 편향이 없어야 함에도 불구하고 기준의 공정성에 대한 합의는 없다. 최근 비정규직의 정규직화를 둘러싼 사회적 논란에 갈등 조장용 여론몰이가 아니라 숙의와 통렬한 성찰이 요구되는 것도 바로 이 까닭이다. 사람들은 누구나 평등이라는 원칙을 도덕적으로 옳고 정의로운 것이라고 수용한다. 특히 종교인들은 종교의 보편적 인류애를 바탕으로 차별을 하거나 가담한다는 것을 도덕적으로 허락하지 않는다. 미국에서도 전능하신 하느님의 이름으로 인종분리를 찬성하던 시절을 지나, 노예제 폐지와 인종간의 결혼을 기독교와 천주교에서 끊임없이 지지하는 노력을 해왔다. 그런데 우리나라 기독교는 2007년 법무부가 논란을 피해 알맹이 없는 차별금지법을 입법 추진할 때부터 지금까지 줄기차게 반대하고 있다. 핵심은 성소수자 문제다. 사실 지난 총선은 차별금지법을 추진할 가능성이 있는 진보 진영의 낙선을 위해 개신교의 거의 모든 세력이 전국적인 시국선언을 조직하는 등(이만열, 한겨레, 2019. 9.27) 보수 야당을

업고 필사적으로 노력한 선거라는 것을 아는 사람은 안다. 너무나 선량한 목사들이 주일 대중예배를 통하여 하나님과 사랑의 이름으로 차별금지법 반대와 이슬람 혐오를 설교하고 신자들은 별 비판의식 없이 아멘으로 지지하고 있는 것이 한국교회의 현실이다. 반나치즘의 선봉자 본회퍼 목사를 참칭하는 '광야의 목사'가 거리에서 울리는 차별과 분열의 선동을 의지에 관계없이 듣는 것은 몹시 괴로운 일이었다. 광화문 집회에 깊은 은혜를 받고 돌아왔다는 선량한 목사님의 주보 칼럼을 보고 나는 50여년의 교회생활을 청산했다. 지금 이 땅에 예수님이 계시면 무어라고 하실까? 소수자 이방인을 영토 밖으로 밀어내어 투명 인간의 자리에 두지 않았던 선한 사마리아인의 교훈을 교회에서 배웠던 나는 선한 사마리아인의 영토 밖으로 스스로 걸어 나왔다. 교회의 차별주의에 맞서 할 수 있는 마지막 저항 방법은 떠나는 것밖에 없었기 때문이다. 지금 미국의 플로이드 사건으로 반인종주의, 반차별주의의 목소리가 세계를 뒤흔들고 있다. "흑인 목숨이 중요하다"는 절규에 "모든 목숨이 중요하다"는 맞불 시위와 구호는 그 기표에 관계없이 염치도, 성찰도, 회개도 없는 행위이다. 차별은 누군가를 숨 쉴 수 없게 만든다("I can't breathe")는 사실을 깨달아야 한다. 야만은 지금 멈춰야 한다.

모든 교육은 정치적이다

  심심치 않게 교육현장에서 정치적 갈등을 둘러싼 사건이 발생한다. 교사들의 시국선언이나, 특정 정치인을 비난 또는 숭모하는 발언이 학생과 학부모의 항의를 받기도 한다. 사드 배치나 세월호 사건 등 민감한 주제에 대한 계기교육 또는 공동수업이 문제가 되기도 한다. 최근에 가장 뜨거운 정치적 사건은 인헌고등학교 사태였다. 학교 마라톤 대회와 페미니즘 동아리 문제로 인한 학생과 교사의 갈등에 한교총과 당시 자유한국당이 개입하여 일부 교사들을 타격하려던 전형적인 정치적 사건이었다. 한 쪽은 편향이라고 하고 다른 한 쪽은 정의라고 말하는 싸움은 어디서나 끊임없이 발생한다. 중립을 지키라고 서로 말하지만, 정치적 동물인 사람의 일이라 쉽지 않다.

  중립이란 한 편에 치우치지 않고 공정하게 처신하는 것이다. 헌법 제31조 제4항은 "교육의 자주성·전문성·정치적 중립성 및 대학의 자율성은 법률이 정하는 바에 의하여 보장된다."고 규정하고 있다. 교육기본법은 "국가와 지방자치단체는 교육의 자주성과 전문성을 보장하여야"(제5조 제1항)하며, "교육은 교육의 본래의 목적에 따라 그 기능을 다하도록 운영되어야 하며, 정치적·파당적 또는 개인적 편견을 전파하기 위한 방편으로 이용되어서는 아니 된다."(제6조 제 1항)고 규정하여 헌법의 의미를 명확하게 하고 있다. 헌법에 교육의 정치적 중립성이 처음 명시된 것은 1962년 제5차 개정이었다. "교육의 자주성과 정치적 중립성은 보장되어야 한다."(제27조 제4항)는 조문은 1980년 제8차 개정에 "전문성", "법률이 정하는 바에 의하여"가 추가되고, 1987년 제9차 개정에 의하여 "대학의 자율성"이 더 추가되어 현행 헌법조문이 완성되었다. 개정의 추이 과정이 암시하듯이, 1962년 개정이 이승만 정권의 교육 지배에 대한 반작용으로 교육의 자주성과 중립성 보장이 삽입된 것이라면, 1980년 개정은 법률유보에 의한 전두환 정권의 교육통제 의도가, 1987년 개정은 6월 시민혁명의 열기를 반영하여 대학 자율성 항목이 추가된 것으로 해석할 수 있다.

교육의 정치적 중립은 크게 보면 '정치의 교육적 중립'과 '교육의 정치적 중립'으로 나누어 생각할 수 있다. 교육이 국가권력이나 정치적 세력으로부터 부당한 간섭을 받지 아니할 뿐만 아니라, 교육이 그 본연의 기능을 벗어나 정치 영역에 개입하지 않아야 한다는 것이다. 교육은 국가의 안정적인 성장·발전을 위해서 교육방법과 내용이 당파적 편향성에 의하여 부당하게 침해 또는 간섭당하지 않아야 하고 이를 위하여 교원과 교원단체의 정치활동을 금지해야 한다는 것이 지금까지의 헌법재판소의 판례다. 교육에 대한 정치와 권력의 불개입을 주장하는 교육계와, 교원들의 정치행위의 금지를 요구한 정치계의 요구가 오랫동안 부딪혀 왔다. 같은 말이지만 주장하는 지점에 따라 강조하는 바가 달랐던 것이다. 교육의 정치적 중립성의 구체적 내용은 일반적으로 교육내용의 중립성, 교사의 정치적 중립성, 교육행정의 정치적 중립성을 의미한다.

그런데 교육의 정치적 중립성과 관련하여 숙고해야 할 문제가 몇 가지 있다. 첫째, 서로 충돌하는 가치와 원리의 문제이다. 교육의 자주성·전문성과 중립성이 충돌한다. 중립성의 내용, 방법, 범위를 누가 정해야 하는가? 외부에서 정한다면 교육의 자주성·전문성의 원리는 도대체 무엇인가? 둘째, 실현 가능성의 문제이다. 학교에서 배우는 지식(교육과정)은 과연 중립적인가? 지식은 계급적으로 결정되며, 결국 학교교육과정도 지배계층의 지식과 언어로 구성되어 있다는 것이 교육과정사회학(지식사회학)의 상식이다. 교육이 이루어지는 공간은 진공 상태인가? 학교공동체 구성원이 살고 있는 사회는 날마다 정치적 사건과 갈등이 소용돌이치는 공간인데 사회에서 분리된 교육공간이 현실적으로 가능한가? 셋째, 교원의 정치적 자유의 제한 문제이다. 교육의 중립성을 유지하기 위하여 교사와 교원단체의 정치적 자유를 불허하는 것은 합법적이며 정당한가? 정치적 자유의 지나친 제한은 공무원의 신분을 고려하더라도 과잉금지 원칙을 심각하게 어기는 것은 아닌가? 넷째, 법체계의 모순이다. 교육의 정치적 중립성과, 이를 위해 교원의 정치적 권리를 제한하는 것은 교육기본법상 교육이념으로서의 민주주의 실현과 민주시민 양성이라는 정치적 목적 실현과 상충된다. 또한 현실적으로 교원의 정치적 자유 없이 민주시민교육은 가능한가?

중요한 것은 교육의 정치적 중립성이라는 선언적 의미가 아니라 민주시민을 양성하기 위한 현실적인 방법을 찾는 것이다. 문언의 맹목적인 해석보다는 법 제정의 역사적 취지를 이해하는 것이 오히려 도움이 된다. 중립을 무입장성, 무당파성, 정치와 교육의 완전한 분리, 권력 지배의 완전한 배제로 이해하면 교육의 정치적 중립성을 실현하기는 더욱 어려워진다. 교원들에게 학교 밖에서까지 정치적 견해와 행동을 하지 말라고 권면하는 것은 불가능에 가깝다. 정치적 동물인 시민 교사들에게 정치적이어선 안 된다고 말하는 것도 현실적이지 않다. 인간에게 정치적이지 않은 행동은 없다. 확신 또는 편향이든지, 반대이든지 모두 정치적이다. 중립이야말로 가장 고도의 정치행위이다. 학교에서 교사와 학생들의 정치적 발언과 행위로 불이익을 받을까 염려하는 학교행정가의 걱정과 불안도 정치적인 것이다. 정권이 바뀔 때마다 개정되는 국가교육과정은 정치적 산물이 아닌가? 정치와 교육을 현실적으로 완전하게 분리하기 어렵다면 학교 밖의 정치 문제를 그대로 가져와 교사들의 강압이나 교화 없이 초당파적으로 논쟁성을 재현하여 학생의 이해관계에 따라 판단하도록, 독일식 정치교육처럼, 그 방법을 구체적으로 찾아보는 것이 더 현실적이지 않을까? 이를 어기는 경우 교원을 제재할 수 있는 교직윤리를 확립하는 것이 더 현실적인 방법일 것이다.

외부세력이 개입하여 분탕질을 한 인헌고등학교에서 학생들이 학교사태를 해결하기 위해 자치적으로 논의해서 발표한 입장문을 읽어보자. "1. 학교문제에 대한 외부 단체의 개입과 학교 주변의 시위 중단을 호소합니다. 2. 학교와 관련된 왜곡된 허위 정보를 퍼뜨리지 않도록 합니다. 3. 학생 간의 이견에 대해서 감정적인 대립을 자제합니다. 4. 학교 내의 문제는 공개토론회 등 학생자치 노력으로 해결해 나가겠습니다. 인헌고등학교 학생 393명 일동 2019년 10월 25일

※ 위 내용은 인헌고등학교 대의원회와 학급자치회의를 통해 결정되었습니다. (10월 25일 총 출석인원 437명 중)"

얼마나 훌륭한가? 얼마나 정치적인가? 오히려 어른들이 부끄럽지 않은가? 학생조직을 통한 얼마나 훌륭한 자치적인 정치적 결정인가? 정치적이지 않은 방법으로 해결할 수 있는 문제사태가 있는가? 정치적인 것은 학생들의 일이 아니고, 교육적인 것도 아니니 너희는 나서지 말라, 우리 정치인들이 해결할 것이니 학생들은 공부나 하고 교사들은 정부가 시키는 대로 공부나 가르치라고 말해야 하는가? 공부는 도대체 무엇이고 무슨 목적으로 하는 행위인가?

현실적으로 가능하지 않은 말싸움이 아니라, 현실적인 방법을 찾아 문제를 해결해 가는 것이 정치적인 것이다. 해석하기에 애매하고 실천하기 어려운 '교육의 정치적 중립성'이란 법언에 매달리기 보다는 문제해결의 방법을 학교에서 가르쳐야 한다. 부르되나 알뛰세 같은 사회학자들은 이미 학교를 진리 전달을 위한 백지의 장소가 아니라, 경제적, 사회적, 문화적 헤게모니가 재생산되는 '아비투스' 또는 '이데올로기 국가기구'로 설명하고 있다. 학교가 재생산과 이데올로기 기구의 역할을 한다면, 그리고 법과 정치가 재생산 기제의 상부구조로서 '상대적 자율성'을 가지고 중요한 역할을 수행한다면, 교육의 정치적 중립성을 주장하여 교육에서 정치적 활동을 배제하려는 것은 정치혐오 이데올로기를 퍼뜨려서 교육을 통한 영속적인 지배를 가능하게 하기 위한 계급적 음모가 아닌가? 우리가 금과옥조로 떠받들고 있는 '교육의 정치적 중립성'이 신화인지, 족쇄인지 의심해 보아야 한다. 교육에 대한 정치의 부당한 지배를 막기 위해 도입된 '교육의 정치적 중립성'이 부당한 정치권력 행사에 대한 교육계의 비판과 항의를 재갈 먹이는 방식으로 작용하고 있는 것은 아닌지 따져 보아야 한다. 지배와 저항 그리고 타협, 이를 위한 모든 생활과 교육은 정치적일 수밖에 없다.

교사, 호모 사케르

2020년 4월 23일 헌법재판소는 정당법 및 국가공무원법에서 초
·중등교원의 정당가입을 금지한 조항에 합헌 6인, 위헌 의견 3인으
로 합헌 판결을 내렸다. 정당법 제22조 제1항 단서 제1호, 국가공무
원법 제65조 제1항 및 제4항에 대한 2014년 헌재 판결과 동일한 내
용, 동일한 이유이다. 교원의 정당가입 금지조항은, "교원의 활동이
미성숙한 학생들의 가치판단에 중대한 영향을 주고 있으므로" 정당
하다는 것이다. 이번 헌재 판결에서 눈에 띄는 것은 국가공무원법에
서 교원이 "그 밖의 정치단체의 결성에 관여하거나 이에 가입할 수
없다."라는 조항에 대한 위헌 판결과, 판결에 대한 「청소년인권행동
아수나로」와 연대 청소년단체의 논평이다. '교사의 정치적 자유 박
탈, 학생을 위한 것일 수 없다'는 제목의 논평에서 "교사들로부터 정
당가입과 같은 중대한 정치적 권리를 부당하게 박탈하고 있는 법이
합헌 판결을 받은 것은, 여전히 학교가 민주주의와 인권의 사각지대
에 있음을 보여주는 결과"이며, "학생을 위해서"라는 박탈의 명분은
"학생을 정치로부터 떨어뜨려 놓아", 경쟁 위주의 주입식 교육과 교
사-학생의 수직적 관계를 유지하기 위한 것이라며 "학생도 교사도
시민으로서의 정당 가입 등 정치적 자유를 행사할 수 있는 사회를
원한다."고 요구하였다. 한마디로 학생 핑계대지 말고 민주주의를 위
해서 교원의 정치적 자유권을 보장하라는 말이다.

정치적 자유권은 국민의 기본권으로 모든 국민에게 보장되어야 한

다. 다만 교원과 공무원의 경우 법적 근거에 의해 권리를 제한할 수 있는데, 법적 근거는 헌법 제7조 제2항, 헌법 제31조 제4항과, 이 헌법 규정에 근거한 국가공무원법, 지방공무원법, 교육기본법, 교육공무원법, 정당법, 정치자금법, 교원의 노동조합 설립 및 운영에 관한 법률, 공무원의 노동조합 설립 및 운영에 관한 법률, 국가공무원복무규정, 지방공무원복무규정 등이다. 이런 법과 규정을 통해서 교원과 공무원은 정치적 표현의 자유, 정당 가입 및 활동의 자유, 선거운동의 자유, 피선거권의 보장 등 정치적 기본권이 포괄적으로 금지당하고 있다. 교원의 정치적 기본권은 직업적, 교육적, 시민적 차원으로 구분하여 생각해 볼 수 있다. 우선 교원의 집단적 이해 실현을 위한 직업적 정치 참여는 노조활동을 통한 교섭 외로 정치적 활동을 할 수 있으나 우리나라에서는 노조의 정치참여는 금지되어 있다. '정치적 중립성 훼손과 학생들의 학습권을 침해 하지 않는 범위 내에서'(2012 헌바 185 병합) 교육적 정치 참여를 보장한다고 되어 있으나 현실에서 그런 범위 내의 교육활동은 없다. 교육적 정치 참여는 정치교육과 관련된 것으로 교육 또는 수업의 중립성을 확보하는 것이 핵심 문제이다. 전체 국민에 대한 봉사자로서의 공무원의 특수 신분으로 인해 교원의 시민적 정치 참여도 전면적으로 부정당하고 있다. 이는 신분에 의한 차별 금지를 어기는 것이라는 주장도 제기된다. 교원의 정치적 중립과 관련한 쟁점은 대략 다음과 같다. 첫째, 시민으로서의 교원과, 공무원인 교사의 입장과 기대가 다르다. 헌법 제21조 "모든 국민은 언론·출판의 자유와 집회·결사의 자유를 가진다."와 헌법 제7조 "① 공무원은 국민전체에 대한 봉사자이며, 국민에 대하여 봉사한다."라는 조문의 정신 즉 정치기본권의 보장과 제한 사이에서 어떤 입장을 취할 것인가에 대한 판단이 달라진다. '공익'과 '직무 전념성'을 저해해서는 안 되기 때문에 교원(공무원)의 정치활동과 단체 활동은 금지되어야 한다는 입장이 있는가 하면, 공무원이라는 특수 지위를 인정하더라도 비례성, 과잉금지, 명확성의 원칙에 따라 시민으로서의 정치 기본권을 가능한 한 최대한으로 보장해야 한다는 견해가 있다. 둘째, '교원(공무원)의 정치 활동이 공익과 정치적 중립성을 저해하는가' 하는 문제이다. 인과관계에 있어, 교원의 정치 활동과 공익의 관계가 적대적이라는 입장, 사안과 유형에 따라 다르다는 입장, 오히려 상보적 관계라는 입장까지 다양하다. 정치적 중립성과 관련해서도 교원의 비정치적 활동이 중립성을 견지할 수 있다는 입장에서부터 원래 헌법의 입법 취지가 상위의 정치권력으로부터 교육과 교원의 정치적 중립성을 보장하기 위한 것이므로 교원의 정치활동을 금지해서는 안 된다는 입장까지 다양하다. 셋째, 교원의 정치활동 보장이 헌법(제1조)과 교육기본법(제2조)의 정신인 민주주의와 민주시민 양성을 촉진한다는 견해에 대한 의견 차이가 있다. 우리 사회는 정치와 '정치적'이라는 말을 불온시, 위험시 여기는 경향이 있고 헌재의 판결에서도 무비판적으로 이런 편견이 반영되고 있다. 정치는 공공의 평화나 안녕, 질서와 마찰을 빚을 수 있고, 교원의 정치 활동은 학생들의 교육받을 권리를 중대하게 침해할 수 있다고 보는 것이다. 우리 민주주의가 세계적인 수준에 도달하고 있음에도 불구하고 국회와 법원은, 국민의 정치참여나 정치적 관심을 막기 위해 정치를 불온하고 불순한 것으로 이미지화했던 권위주의 시대 인식에서 벗어나지 못하고 있다. 오히려 교원의 정치적 기본권 신장이 민주주의 또는 민주주의 교육의 선순환을 가져온다는 주장도 있다. 민주주의의 출발은 다양한 정보를 공유하는 것이고, 교원(공무원)은 정책 집행과정의 체험에서 정보와 문제점에 대한 이해력이 높으며 정부의 공공성과 균형성을 강화 하는데 기여하고, 결과적으로 민주시민교육에 도움이 된다는 것이다. 교원의 정치활동이 학생들의 교육받을 권리를 중대하게 침해할 수 있다고 보는 수동적 학생관은 현대 교육학의 인간관과 학습관을 전혀 이해하지 못하는 처사라고 할 수 있다.

사회적으로 첨예하게 대립하고 있는 문제를 해결하는 방법은 두 가지가 있다. 하나는 조리(條理)를 꼼꼼히 따져 보는 것이고, 또 하나는 비교학적 방법을 활용하는 것이다. 첫째, 교사와 공무원의 정치적 기본권을 제한하는 목적이 무엇인가, 그 방법이 정당하고 합리적인가, 수단이 과잉되거나 비례성에 맞는 것인가 따져 봤을 때 우리나라 교원의 정치적 기본권 제한은 지나치고 민주주의 진전 속도를 따르지 못하는 감이 없지 않다. 둘째, 다른 나라와 비교해 보자. 독일과 프랑스의 경우 교사의 정치적 기본권 제한의 규정을 전혀 두지 않고 있다. 독일의 경우, "자유롭고 민주적인 근본질서(FDGO)에 대해 시인하고 그의 유지를 옹호해야 한다."는 헌법 충성과 "공무원은 정치활동에 있어서 일반에 대한 그의 지위와 공무원의 의무에 대한 고려에서 나오는 정도의 절제와 자제를 해야 한다."는 근본 의무 규정만 있을 뿐 어떠한 정치 참여 금지도 존재하지 않는다. 실제 독일연방의회의 의원 630명중 28명이 교사 출신으로 단일 직업군으로는 가장 높은 비율이다. 교사 중 가장 유명한 정치인은 빈프레드-크레취만으로 바덴-뷰템베르크 주 대통령이다. 일본도 교원의 정치적 기본권 제한을 직무 수행 중으로만 한정하고 사적 생활에서는 전면적으로 허용하고 있다. 미국은 포괄적 제한 규정을 폐지하고 공사 관계를 막론하고 교육의 정치적 중립성을 보장하기 위해서 해서는 안 되는 정치적 행위를 구체적으로 규정하고 있다. 우리나라도 대학 교원의 정치적 자유를 전면적으로 보장하고 있다.

선진국의 입법 경향이나 우리 사회의 민주주의 성숙도와 국민의 법의식을 두루 참고해 볼 때 교원의 정치적 기본권을 최대한 보장하는 방향으로 전향적인 결단을 할 때가 되었다. 법적인 방법은 현행 법률의 적극적 해석을 통한 실현 방법이 있고 또 하나는 법 개정을 통한 전면적 허용 방안이 있다. 또한 교원의 정치적 자유권을 전면적으로 허용하는 방법이 있고, 영역별로, 단계적으로 하는 방법도 있다. 예를 들면 교사 개인의 정치적 기본권은 현행 상태를 유지한 채 교원단체의 정치적 기본권을 풀어주는 방법이 있고, 그 반대의 경우도 생각해 볼 수 있다. 교사의 정치적 표현의 자유만 허용해 주거나, 정당의 가입과 활동까지 허용하는 방법도 있다. 일본처럼 근무 외 시간의 직무 수행과 관련되지 않은 활동만을 허용하는 방법도 있다. 현직 교원 공무원의 직무 전념상의 문제가 있다면 교사들의 휴직을 활용하여 정당 활동을 허용하는 방법도 있겠다. 적어도 정치교육, 또는 민주시민교육 같은 교육적 정치참여를 교사들에게 전면적으로 허용하여 교육기본법에 명시된 민주시민 양성의 활성화 방법을 모색하는 일은 당장 시행해야 한다.

교육자치의 시대이다. 18세 고3 학생들의 정치 참여를 넘어 16세 학생들이 교육감 선거 참여를 요구하는 시대이다. 이제 로칼 거버넌스를 구축하지 않으면 행정의 효과성과 효율성을 도모할 수 없다. 학부모 단체도, 시민단체도, 교육공무직 단체도 지역 교육 거버넌스에 참여한다. 교육의 주류이며 교육 전문가인 교원 또는 교원단체만이 정치적 중립성이라는 허울에 가두어 방관자가 되어야 하는가. 교원들의 음성적인 정치 활동을 양성화해야 한다. 교원들을 더 이상 호모 사케르로 만들지 말라!

* 호모 사케르, 권력에서 배제된 희생양을 의미함, 죽여도 살인죄로 처벌되지 않는 존재, 이탈리아 문화비평가 조르주 아감벤의 저서

과거의 사상, 기계적 지성이 시민을 하나의 로봇과 같이 아무 생각 없이 서로를 상대로 이익을 추구하는 존재로 본다면, 현대적 사상, 정원형 지성은 시민을 우리가 공유하는 작은 땅을 관리하는 정원사라고 본다. 시민은 서로가 서로에게 영향을 미치는, 보다 큰 정원 안에 존재하는 유기체이다. 우리는 서로를 형성한다. 그리고 서로의 선택에 묶여 있다. '눈이 손더러 내가 너를 쓸데없다 하거나 머리가 발더러 내가 너를 쓸데없다 할 수 없다'는 성서의 말처럼, 우리는 분리된 존재가 아니다. 우리는 불가분 상호의존적이어서 우리의 행위와 선택이 별개인 것처럼 행동할 수 없다. 상호의존적인 관계로 맺어진 삶에서 가장 중요한 진실 가운데 하나는 '모든 행동은 잠재적으로 매우 전염성이 높다'는 점이다. 당신이 인정 많고 관대하다면 사회는 인정 많고 관대해질 것이고, 당신이 폭력적이고 증오에 차 있다면 그 사회는 폭력적이고 증오가 넘칠 것이다. 당신이 바로 그러한 전염성의 근본적인 원인이다.

〈에릭 리우 · 닉 하나우어, 「민주주의 정원」에서〉

함께 읽으면 좋은 책들

- 윤리학과 교육, R.S.Peters, 이홍우 등 역, 교육과학사, 2005
- 교육의 개념, 이홍우, 문음사, 2009
- 풀꽃도 꽃이다, 조정래 소설, 해냄, 2016
- 일의 미래, 선대인, 인플루엔셜, 2017
- 학교붕괴현상의 교육주체의식 조사연구, 전종호, 전교조. 1999
- 아름다운학교운동의 배경과 전망, 아름다운교육운동본부, 인간과자연사, 2000
- 문재인 정부 이후의 교육정책, 이범, 메디치, 2020
- 졸업장 열병, 도어, 양서원, 1996
- 세습중산층사회, 조귀동, 생각의 힘, 2020
- 공정하다는 착각, 마이클 샌델, 함규진역, 와이즈베리, 2020
- 20 vs 80 사회, 리처드 리브로, 김승진역, 민음사, 2019
- 경쟁에 반대한다, 알피 콘, 이영노 역, 민들레, 2019
- 부끄러움을 가르칩니다, 박완서 단편소설집, 문학동네, 2006
- 대한민국의 시험, 이혜정, 다산, 2017
- 학습혁명보고서, 한숭희, 매일경제신문사, 2000
- 시험 인간, 김기현, 장근형, 생각정원, 2020
- 우리 아이들, 로버트 퍼트넘, 페이퍼로드. 2017
- 힐빌리의 노래, J. D. 밴스, 흐름출판, 2017
- 한국인의 문화적 문법, 정수복, 생각의 나무, 2012
- 혁신학교 10년사, 경기도교육청, 2020

- 4.16교육체제 비전과 전략 연구, 이수광 외, 경기도교육연구원, 2015
- 보이텔스바흐 합의에 대한 이해와 공감, 김혜정, 경기도교육연구원, 2018
- 학교책임경영제도, 박종렬, 원미사, 1999
- 우리의 불행은 당연하지 않습니다, 김누리, 해냄, 2020
- 파주시 민주시민교육 기본계획 수립연구, 홍윤기 외, 2019
- 선량한 차별주의자, 김지혜, 창비, 2019

풀씨

전 종 호

풀씨 하나 날아와 풀꽃 하나 피었습니다
꼭꼭 걸어 잠근 창문을 어찌 들어 왔는지
작년에 보지 못한 풀 하나 빈 화분에
허약한 풀대를 힘겹게 들어 올리고
눈에 띄지 않게 작은 꽃 하나 피웠습니다

보이지 않아도 풀씨 구름 꽃가루떼처럼 날아
잎은 잎끼리 뿌리는 뿌리끼리 어깨를 걸고
방학 동안 아이들이 비워둔 운동장
비가 와도 끄떡없는 짱짱한 풀밭이 되었습니다

가끔씩 정신없는 꽃씨도 무리 지어 놀러 와
풀밭에 노랑 민들레 제비꽃 자주달개비
때론 잡초라고 머리채 쥐어뜯기기도 하지만
이름이 없어 풀꽃인 친구들과 한 식구처럼
초록 물결에 형형색색 우애를 피워줍니다

사람의 발길에 묻어오거나 바람에 실리어
세상의 가장 작은 풀씨 단단한 바닥을 뚫고
아무 데서나 제멋대로 제 맘대로 나고 자라서
이름이 있는 꽃이나 없는 풀이나 나뉘지 않고
본디대로 어울리는 자연이 되어 갑니다

혁신교육
너머
시민교육